监察工作理论与实务

姜明安◎著

中国法制出版社
CHINA LEGAL PUBLISHING HOUSE

前　言

《中华人民共和国监察法》于2018年3月20日由第十三届全国人民代表大会第一次会议正式通过。该法的通过对于深化国家监察体制改革，加强对所有行使公权力的公职人员的监督，实现国家监察全面覆盖，构建集中统一、权威高效的中国特色国家监察体制，以及规范国家监察机关和监察人员的监察行为，保证其正确行使职权和履行职责，保障监察对象的人权和其他合法权益均具有重要意义。

为了帮助监察机关及其工作人员以及广大读者更好地理解、领会和把握监察工作的各项规范、原则，从而更好地做好实务工作，笔者撰写了本书。

本书共分三大部分。

第一部分（第一章至第八章）研究、阐释监察工作中涉及的法律理论要点，并对监察工作中应用、适用相关原则、规则、制度可能遇到的重点、难点问题进行分析并提出作者的观点和意见。

第一章 监察工作的基本原则。监察法总则规定了监察机关行使职权、履行职责的基本原则，即监察工作的基本原则。笔者将这些基本原则概括归纳为下述十项：构建集中统一、权威高效的反腐败体制、机制原则；依法独立行使监察权原则；与审判机关、检察机关、执法部门互相配合、互相制约原则；有关机关和单位依法协助原则；依宪依法监察原则；以事实为根据，以法律为准绳原则；在适用法律上一律平等，保障当事人的合法权益原则；权责对等，从严监督原则；惩戒与教育相结合，宽严相济原则；标本兼治、综合治理原则。

第二章 监察机关的组织与职责。关于监察机关的组织，本章研究了国家监察委员会、地方各级监察委员会的组织以及监察系统内部的关系；关于监察机关的职责，本章分析、阐释了监察机关监督、调查、处置三类职责的内容：监督公职人员依法履职、秉公用权、廉洁从政从业以及道德操守的情况。对公职人员涉嫌贪污贿赂、滥用职权、玩忽职守、权力寻租、利益输送、徇私舞弊以及浪费国家资财等职务违法和职务犯罪的行为进行调查。对违法的公职人员依法作出政务处分决定；对履行职责不力、失职失责的领导人员进行问责；对涉嫌职务犯罪的，将调查结果移送人民检察院依法审查、提起公诉以及向监察对象所在单位提出监察建议。

第三章　监察对象与管辖。本章首先阐释了监察对象的具体范围：(1) 中国共产党机关、人民代表大会及其常务委员会机关、人民政府、监察委员会、人民法院、人民检察院、中国人民政治协商会议各级委员会机关、民主党派机关和工商业联合会机关的公务员，以及参照《中华人民共和国公务员法》管理的人员；(2) 法律、法规授权或者受国家机关依法委托管理公共事务的组织中从事公务的人员；(3) 国有企业管理人员；(4) 公办的教育、科研、文化、医疗卫生、体育等单位中从事管理的人员；(5) 基层群众性自治组织中从事管理的人员；(6) 其他依法履行公职的人员。然后分析和论述了监察机关对监察对象管辖的规则，包括级别管辖、地域管辖、指定管辖和管辖争议解决的相应规则等。

第四章　监察权限与相关制度。本章逐一介绍和分析了监察机关的十五项权限：谈话、讯问、询问、留置、查询、冻结、搜查、调取、查封、扣押、勘验检查、鉴定、技术调查、通缉和限制出境。并在介绍这些监察权限的同时，对监察机关行使这些权限应遵循的条件和程序进行了阐释。

第五章　监察工作的程序法治保障。本章首先分析研究了程序法治在监察工作中的重要地位和意义：程序法治是保障监察机关有效行使职责权限，实现反腐败目标任务的重要机制；程序法治是防止监察机关及其工作人员滥用职权，保证依法监察的重要机制；程序法治是保障作为监察对象的公职人员及其相关人员的人权，保护他们及其家属或涉案单位的合法权益的重要机制。接着，本章探讨了监察工作的程序法治的主要规范和内容，包括监察机关与审判机关机关、检察机关、执法部门互相配合、互相制约程序；调查取证程序；讯问、询问、搜查、调取、查封、扣押、勘验检查程序；留置程序；监察对象申请复审、复核程序。

第六章　反腐败国际合作。本章研究了反腐败国际合作的主体、对象、内容和形式，以及国家监察委员会对反腐败国际合作的组织协调和督促职责。

第七章　对监察机关和监察人员的监督。本章研究和阐释了对各级监察机关和监察人员监督的主体、形式和相应程序规则，包括人大及其常委会的监督、民主监督、社会监督、舆论监督和内部专门监督的方式、规则，以及法律对监察人员的有关要求（如清廉、保密、不说情干预、依法回避等）和被调查人及其近亲属对监察机关及其工作人员违法行为的申诉等。

第八章　监察法律关系中的法律责任。本章探讨监察法律关系中各种主体违反监察法行为的法律责任。其中主要包括监察所涉及的有关单位的违法行为（如不执行监察决定等行为）和有关人员的违法行为（如不配合调查、伪造证据等行为）的法律责任；监察对象有关违法行为（如报复陷害等行为）与控告人、检举人、证人有关违法行为（如诬告陷害等行为）的法律责任，以及监察机关及其工作人员违法行为的法律责任。

第二部分（第九章至第十章）研究、探讨和阐释监察工作的各种实务问题。

第九章　监察工作若干具体实务问题解析。监察机关在履行职责的过程中，要处理大量的具体实务问题。本章选择监察工作中六个较常见的具体实务问题（接受报案、举报及对报案、举报的处理；线索处置；立案办理；讯问规则；对监督、调查结果的处置方式；留置折抵刑期），分别对之作若干解析。

第十章　监察工作中应遵循或参考适用的证据规则。根据监察法第三十三条的规定，本章专门对刑事诉讼法规定的证据规则加以介绍和阐释，作为监察机关办理案件的指导；同时，本章也介绍和阐释若干一般性证据规则，供监察机关办理各种监察案件时参考适用。

第三部分（第十一章）研究我国监察制度发展的历史沿革，分别探讨我国古代秦、汉、唐、宋、明、清等各朝代的监察制度、北洋政府和国民政府时期的监察制度、中华人民共和国成立前（1921～1949年）中国共产党的纪检监察制度，以及中华人民共和国成立后（1949年至今）党和国家监察制度。

本书是学者从学术角度对监察工作中涉及的有关理论与实务问题进行的阐释，某些内容、观点可能与法律的立法原意和制度的实际运作情况有些微差距，甚至难免有阐释、理解不妥当之处。对此，欢迎读者批评指正。读者在使用本书，特别是监察人员在监察工作中为适用监察法而参考本书的相关内容时，一定应以监察法的规定和国家监察委员会已经发布及今后将发布的有关规范为准。

2018年8月1日

目　录

第一章　监察工作的基本原则

监察法总则规定了监察机关行使职权、履行职责的基本原则，即监察工作的基本原则。笔者将这些基本原则概括归纳为下述十项：构建集中统一、权威高效的反腐败体制、机制原则；依法独立行使监察权原则；与审判机关、检察机关、执法部门互相配合、互相制约原则；有关机关和单位依法协助原则；依宪依法监察原则；以事实为根据，以法律为准绳原则；在适用法律上一律平等，保障当事人的合法权益原则；权责对等，从严监督原则；惩戒与教育相结合，宽严相济原则；标本兼治、综合治理原则。

一、构建集中统一、权威高效的反腐败体制、机制原则

构建集中统一、权威高效的反腐败体制、机制原则对监察工作提出的要求主要包括下述五项：

其一，坚持党对国家监察工作的领导，保障国家监察工作始终坚持正确的政治方向。《中华人民共和国宪法》规定，中国共产党领导是中国特色社会主义最本质

的特征；[①]《中华人民共和国监察法》规定，坚持中国共产党对国家监察工作的领导，以马克思列宁主义、毛泽东思想、邓小平理论、“三个代表”重要思想、科学发展观、习近平新时代中国特色社会主义思想为指导，构建集中统一、权威高效的中国特色国家监察体制。[②] 国家监察体制改革的重要目的之一即是加强党对监察工作的领导。而这一目的能否实现，集中统一、权威高效的中国特色国家监察体制能否构建，关键即在于国家监察机关在整个监察工作中能否始终坚持党的领导。

其二，打破体制、机制障碍，加强原各种反腐败力量在实务工作中的整合，增强反腐败合力。目前，国家监察体制改革已经整合了纪检、行政监察和检察院反贪、反渎等各种反腐败力量，但要在反腐败实务工作中做到切实配合、协调，真正提高反腐败力度和效率，则必须在机构设置、人员安排和具体工作中进一步完善整合，以取得“一加一大于二”的体制、机制改革效果。

其三，加强对所有行使公权力的公职人员的监督，实现国家监察全面覆盖。在国家监察体制改革之前，我国监察只限于行政监察，监察范围存在过窄的问题，监察对象主要限于行政机关及其工作人员，没有能做到对所有行使

---

① 参见宪法第一条第二款。

② 参见监察法第二条。

公权力的公职人员的全覆盖。这次国家监察体制改革的初衷之一即是要解决这个问题，消除这个缺陷。故监察法第一条即明确规定，应“加强对所有行使公权力的公职人员的监督，实现国家监察全面覆盖”。[①] 监察法的这一要求必须在我们的监察实务工作中得到贯彻实施。

其四，不断推进国家治理体系和治理能力现代化。监察法的实质就是反腐败立法，故监察工作必须全面深入开展和推进反腐败。无论是“深化国家监察体制改革”，还是“加强对所有行使公权力的公职人员的监督，实现国家监察全面覆盖”，都是为了深入开展和全面推进反腐败。而反腐败与推进国家治理体系和治理能力现代化又有着密不可分的关系，反腐败既是推进国家治理体系和治理能力现代化的必需手段和途径：一个国家，如果反腐败不力，公职人员腐败势头不能遏制，其治理体系和治理能力现代化是不可能的；同时，反腐败本身也是国家治理的重要内容，要把这项国家治理工作做好，同样要推进其“现代化”。在监察工作中，推行法治反腐是国家治理体系和治理能力现代化的要求。

其五，依法充分运用监察法赋予监察机关的各项权限，切实加大反腐败力度。比较原行政监察制度，法律赋予行政监察机关的手段非常有限，仅有查询、复制、冻结、扣

① 参见监察法第一条。

留、封存等。而现行监察法赋予监察机关的权限和手段大为增加。包括查封、扣押、冻结、搜查、留置、技术调查、通缉、限制出境等15项。[①] 对于这些权限和手段，监察机关在监察实务工作中既要依法充分运用，又要严格遵守法定条件和法定程序，防止滥用，以保证监察效率和法治的统一。

二、依法独立行使监察权原则

“依法独立行使监察权原则”有三层含义：一是不受行政机关、社会团体和个人的干涉。这里的“个人”，包括监察系统内部的人员，凡是非相应案件的办案人员或负责人，即使是监察机关内部的领导干部或其他国家机关的领导干部，如果打听案情、过问案件、说情干预的，均应记录在案并追究责任。[②] 二是“依法”，监察机关独立行使监察权应当是依法行使，不能任性、恣意和滥用裁量权。“依法”包括依实体法和依程序法：既要按实体法规定的权限、条件、标准、责任范围、限度和从重从轻规则办案，又要依程序法规定的过程、步骤、方式、时限及管辖规则

---

① 参见监察法第十八条至第三十条。

② 监察法第五十七条规定，对于监察人员打听案情、过问案件、说情干预的，办理监察事项的监察人员应当及时报告。有关情况应当登记备案。发现办理监察事项的监察人员未经批准接触被调查人、涉案人员及其特定关系人，或者存交往情形的，知情人应当及时报告。有关情况应当登记备案。

等办案。三是不错位（应独立行使“监察权”而不代替其他国家机关行使其他国家权力）、不越位（不超越法定权限采取非法定手段、措施）和不缺位（要依法积极主动独立行使监察权而不能不作为）。

三、与审判机关、检察机关、执法部门互相配合，互相制约原则

这一原则有三层含义：一是这一原则适用的范围限于“办理职务违法和职务犯罪案件”而不及于一般违纪案件。二是互相配合，互相制约的主体包括审判机关、检察机关和执法部门而不限于人民法院、人民检察院等司法机关。这里的“执法部门”多指公安机关但又不限于公安机关，有时还会涉及国家安全机关、工商、海关、税务等执法部门。三是互相配合、互相制约必须二者兼顾，不能只讲配合不讲制约，也不能只讲制约不讲配合，配合和制约的目的都是为了全面、正确和有效实现国家设置监察制度的目的：深入推进反腐败和廉政建设，真正把权力（包括监督对象的权力和监督者本身的权力）关进制度的笼子里。

四、有关机关和单位依法协助原则

这一原则规范的“有关机关和单位”应该不包括审判机关和检察机关。审判机关和检察机关属于“互相配合、互相制约原则”规范的主体。但公安机关等执法部门应同时属于“互相配合、互相制约原则”和“依法协助原则”

的规范主体。除了公安机关等执法部门外，“有关机关和单位”还包括企事业组织、社会团体、基层群众自治组织等。监察机关在行使职权，履行职责的过程中，凡是要取得其协助的机关和单位都属于这项原则规范的主体，都具有依法提供协助的法定义务。“有关机关和单位”如果违反这项义务，监察法第六十二条规定了相应的法律责任：“有关单位拒不执行监察机关作出的处理决定，或者无正当理由拒不采纳监察建议的，由其主管部门、上级机关责令改正，对单位给予通报批评；对负有责任的领导人员和直接责任人员依法给予处理”。

五、依宪依法监察原则

这项原则在法条上的表述是“国家监察工作坚持严格遵照宪法和法律”。宪法是国家的根本法，具有最高的法律效力，国家一切工作，都必须以宪法为根本的活动准则，所有国家机关及其工作人员，都负有维护宪法尊严，保证宪法实施的职责。监察机关及其工作人员、监察工作自然也不能例外，无论是制定监察规范，发布监察决定、命令，或者实施监察行为（监督、调查、处置），都必须依循和遵守宪法，不能违反宪法，与宪法相抵触。法律是国家机关活动较经常、较直接依据的规则。因为宪法规则一般较为原则，往往需要通过法律、法规具体化。法律在位阶上高于法规和规章。因为法律是全国人大及其常委会制定的，代表和体现全国人民的利益和意志，一切法规、规章和规范性文件，包括监察工作的相关规范，都必须依循和遵守法律，不能违反法律，与法律相抵触。监察机关及其工作人员的一切行为，更必须遵守法律、执行法律，切实做到依法执法、依法监察。

六、以事实为根据，以法律为准绳原则

这项原则也是人民法院行使审判权、人民检察院行使检察权，进行审判活动、检察活动的基本原则。刑事诉讼法、民事诉讼法和行政诉讼法三大诉讼法都规定了这项基本原则。各级监察委员会行使监察权，进行监察活动，涉及对监察对象违法、违纪事实的认定，涉及对他们的违法、违纪行为适用法律和作出处理决定，当然同样应该遵循这一基本原则。“以事实为根据，以法律为准绳”作为监察工作的基本原则，有着它特殊的意义和特殊的重要性。因为监察机关办理监察案件，需要对监察对象行为是否违法、违纪（违纪是广义的违法）进行审查。是否违法的审查似乎只是法律衡量、法律适用问题，但法律衡量、法律适用的正确性只能以事实为根据。不首先查明监察对象是否违法和违法情节的事实，就无从进行法律衡量和法律适用。监察机关审理监察案件，以事实为根据的“事实”是指经过正当法律程序认定的，有确凿证据证明的事实。这种“事实”既是客观的，因为它是通过确凿证据证明的事实；

同时它又非完全是现实中的“客观”，而只是法律上的“客观”，因为任何“确凿证据”都不可能完全重现已经成为“过去时”的事实，更不要说任何“确凿证据”的“确凿”度并非是完全相同的，不同的案件对证据的“确凿”度有不同的要求。监察机关对于监察对象的违法行为，经过调查、收集、勘验、鉴定等方式而认定的事实，一般不能直接以之为“根据”，而必须经过正当法律程序，对这些事实及其证据进行审查，包括与当事人见面“谈话”，听取其陈述、申辩后，再加以认定和作为案件处理的“根据”。

监察机关审理监察案件以法律为准绳的“法律”，是指全国人民代表大会或全国人民代表大会常务委员会制定的法律。监察机关审理监察案件，不仅依据法律，而且依据行政法规、地方性法规、自治条例、单行条例、监察委员会制定的规范、国务院部委的规章、地方人民政府的规章。但是法规、规章如果同法律相抵触怎么办呢？监察机关依什么来处理相应案件呢？因此必须确定以法律为准绳。法律是全国人民代表大会和全国人民代表大会常务委员会制定的，反映、体现全体人民意志和利益的行为准则。任何法规、规章都必须符合法律。法规、规章如果与法律相抵触，监察机关只能依据法律、适用法律，否则就会导致法制的混乱。对此，立法法明确规定了法律适用的下述规则：（1）法律的效力高于行政法规、地方性法规、规章；（2）行政法规的效力高于地方性法规、规章：（3）地方性法规的效力高于本级和下级地方政府规章；（4）省、自治区的人民政府制定的规章的效力高于本行政区域内的设区的市、自治州的人民政府制定的规章；（5）自治条例和单行条例依法对法律、行政法规、地方性法规作变通规定的，在本自治地方适用自治条例和单行条例的规定；（6）经济特区法规根据授权对法律、行政法规、地方性法规作变通规定的，在本经济特区适用经济特区法规的规定；（7）部门规章之间、部门规章与地方政府规章之间具有同等效力，在各自的权限范围内实施。①

七、在适用法律上一律平等，保障当事人的合法权益原则

适用法律平等原则是宪法平等原则对监察活动与监察行为的必然要求。② 这一原则的基本精神是要求监察机关及其工作人员办案公道，不徇私情，平等对待不同身份、不同职务级别、不同民族、性别和不同宗教信仰的监察对象，以平等保障当事人的合法权益。适用法律平等原则的重要保障则是正当法律程序。要求监察机关及其工作人员

---

① 参见立法法第八十八条至第九十一条。

② 宪法第三十三条第二款规定，中华人民共和国公民在法律面前一律平等。

依法办案，不偏私；合理考虑相关因素，不专断；平等对待监察对象，不歧视。“依法办案，不偏私”，即要求严格遵守法律规定。因为法律不是确定某一个人的特殊利益，不是针对某一个人或某几个人的，而是针对人们整体，确定人们整体行为规则的。因此，它不会对处于同样情况的人们作出不同的规定。例如，在同样情况下，不会对监察对象甲的违法行为规定这样的罚则而对监察对象乙的同样违法行为规定那样的罚则。法律是一视同仁的，监察机关如果脱离法律办事，就可能因感情或其他因素而不一视同仁，就可能同样情况不同对待，不同情况相同对待，从而出现不公正。不公正可以表现为明显的违法，但很多情况下则可能为形式合法的“外衣”所包裹。例如，法律对监察机关处理某种违法行为赋予了较广泛的自由裁量权，监察机关对多个监察对象的表面相同违法行为或不同违法行为作出相同或不同处理，形式上是平等适用法律，但实质上可能故意或疏忽没有考虑各监察对象违法行为的不同情节（目的、动机、手段、危害结果等），其适用法律并非真正平等。监察机关工作人员在作出处理决定时也可能考虑了监察对象与自己的关系或其职务高低等不应该考虑的因素。这种处理行为在表面上虽然是合法的，但实质上却是不公正和违法的。

所谓“合理考虑相关因素，不专断”即要求监察机关处理案件、适用法律时严格以案件事实、证据为依据，不掺杂各种关系因素。所谓“相关因素”，包括法律、法规规定的条件、政策的要求、社会公正的准则、监察对象违法行为的情节、行为可能产生的危害后果等。所谓“专断”，就是不考虑上述相关因素，凭自己的主观认识、推理、判断，任意地、武断地作出处理决定。

所谓“平等对待监察对象，不歧视”，即要求监察机关及其工作人员办理监察案件，作出处理决定时不厚此薄彼，不凭某种关系或自己的好恶加重或减轻对特定监察对象的处罚。监察机关适用法律处理任何监察对象的任何违法行为，都必须依法平等对待，不能因特定监察对象的身份、职务高低、民族、性别、宗教信仰等的不同而对之予以不平等的待遇。当然，法律对具有某种特定情形（如自首、揭发他人立功、主动消除或减轻危害后果等）的监察对象规定了特定处置方式的，监察机关应依法对之作出特别处理。这样做正是“适用法律平等原则”的要求。

本原则要求的总的目的是保障当事人的合法权益，而且是平等地保障当事人的合法权益。

八、权责对等，从严监督原则

权责对等，从严监督原则包含两层含意：一是权责对等；二是从严监督。所谓“权责对等”，就是有权必有责，行使权力必须承担责任，行使多大的权力就必须承担多大的责任。就监察工作而言，监察机关在对监察对象进行监督、处置或问责的时候，必须弄清相应监察对象的岗位、职责、权力——其是处在一般工作岗位，还是相应工作的负责人岗位，还是所在机关、组织的领导岗位，在不同的岗位上有不同的职责、权力。监察机关对之进行监督、处置或问责一定要坚持“权责对等”，对不同的监察对象，根据其岗位、职责、权力采取相应的监督措施。所谓“从严监督”，是从严治党、从严治吏的治党治国方略和政策在监察、监督领域的体现和要求。信任不能代替监督，监督必须从严。对公职人员的监督必须从严，是因为公职人员担负着管理国家、管理社会和为人民服务的职责，而公职人员不是“圣人”，其生活中有各种私人关系，其本身亦有私人欲望，如不对其从严监督，其就可能公器私用，就难以保证他们运用好人民赋予他们的权力为人民服务。当然“从严监督”并不意味着对公职人员只应讲义务而不讲权利，对公职人员的从严监督要与切实保护公职人员的合法权益紧密结合起来。

九、惩戒与教育相结合，宽严相济原则

这一原则主要适用于对存在违纪违法行为的公职人员的惩戒（处置、处分、问责，也包括追究刑事责任）。根据现代法治原则，对违纪违法公职人员的惩戒，不能单纯为惩戒而惩戒，惩戒应与教育相结合。监察法规定各级监察委员会的职责中，第一项职责即是“对公职人员开展廉政教育，对其依法履职、秉公用权、廉洁从政从业以及道德操守情况进行监督检查”。在监督检查过程中，发现公职人员在依法履职、秉公用权、廉洁从政从业以及道德操守方面存在问题，有违纪违法情事，自然要对之进行惩戒，但同时也要对之进行教育，使之自觉纠正违纪违法行为，并且今后不再违反。此外，“惩戒与教育相结合”这一原则中的“教育”，不仅是指对违纪违法公职人员的特定教育，也指对其他公职人员的一般教育，即通过对违纪违法公职人员的惩戒，以其事例为“反面典型”，教育其他公职人员依法履职、秉公用权、廉洁从政从业和培养良好的道德操守。

这一原则中的“宽严相济”是指对公职人员的惩戒，要过罚相当，全面考虑违纪违法公职人员行为的性质、目的、动机、手段、对社会的危害等诸多情节，该严则严，该宽则宽，不能一味严惩。一味严惩既不符合现代法治的要求，也不利于教育违纪违法者，达到反腐败的治本之效。

十、标本兼治、综合治理原则

本项原则的法律依据是监察法第六条：“国家监察工作坚持标本兼治、综合治理，强化监督问责，严厉惩治腐败；深化改革、健全法治，有效制约和监督权力；加强法治教育和道德教育，弘扬中华优秀传统文化，构建不敢腐、不能腐、不想腐的长效机制。”这一原则主要包括三项内容：一是加强监督问责，严厉惩治腐败，强化不敢腐的震慑；二是深化改革、健全法治，有效制约和监督权力，扎牢不能腐的笼子；三是加强法治教育和道德教育，弘扬中华优秀传统文化，增强“不想腐”的自觉。“不敢腐”主要解决治标的问题；“不能腐”和“不想腐”主要解决治本的问题。习近平总书记在十九大报告中指出：“腐败是我们党面临的最大威胁。只有以反腐败永远在路上的坚韧和执着，深化标本兼治，保证干部清正、政府清廉、政治清明，才能跳出历史周期率，确保党和国家长治久安。当前，反腐败斗争形势依然严峻复杂，巩固压倒性态势、夺取压倒性胜利的决心必须坚如磐石。要坚持无禁区、全覆盖、零容忍，坚持重遏制、强高压、长震慑，坚持受贿行贿一起查，坚决防止党内形成利益集团。在市县党委建立巡察制度，加大整治群众身边腐败问题力度。不管腐败分子逃到哪里，都要缉拿归案、绳之以法。推进反腐败国家立法，建设覆盖纪检监察系统的检举举报平台。强化不敢腐的震慑，扎牢不能腐的笼子，增强不想腐的自觉，通过不懈努力换来海晏河清、朗朗乾坤。”①

---

①　习近平：《决胜全面建成小康社会　夺取新时代中国特色社会主义伟大胜利——在中国共产党第十九次全国代表大会上的报告》，载《人民日报》2017年10月28日。

关于反腐败“标本兼治、综合治理”的原则，笔者认为“治本”有着特别重要的意义。尽管在反腐败斗争形势严峻的当下，高压“治标”不可或缺。笔者曾经写过一篇《论法治反腐》的文章，提出要特别注重法治反腐和制度反腐，尤其是主张加强程序法制反腐。①

笔者认为，反腐对策最重要者有四：其一，惩治反腐。即古时所谓“以刑去刑”，今时可谓“以惩抑腐”，通过严厉惩罚，使为官者“不敢腐”。其二，教化反腐。即古时所谓“灭心中贼”，今时可谓“净化灵魂”，通过理想信念教育，使为官者“不想腐”。其三，激励反腐。国外谓“高薪养廉”，我国谓“奖罚分明”，通过能上能下和提高地位待遇，使为官者“不思腐”。其四，法治反腐（制度反腐）。亚里士多德谓以法律“消除兽欲”，去除腐败，习近平同志提出“把权力关进制度的笼子里”，通过建立完善的法制，使为官者“不易腐”“不能腐”。

要解决腐败问题，教化反腐、惩治反腐、激励反腐和法治反腐（制度反腐）这些对策一个也不能少。但是法治反腐——即制度反腐是最重要的，最具有治本的功效。

关于法治反腐、制度反腐的基本路径和主要措施，第一，要对现实情况进行调查，梳理腐败的主要形式和类别。有的腐败发生在干部提拔、晋升环节、属于买官卖官性质

① 姜明安：《论法治反腐》，载《中国行政法学研究》2016 年第 2 期。

的腐败；有的发生在行政许可、行政审批等履行公务活动的环节，属于设租寻租性质的腐败；有的发生在官员八小时工作时间之外，属于私生活性质的腐败。腐败类型是多种多样的，不能一个制度解决所有类型的腐败。所以首先要进行调查，把腐败各种类型梳理清晰。我们在制定制度前，要先搞清楚目前到底有多少种形式的腐败，多少种类型的腐败，把底数搞清楚，把情况弄明白，然后再来探讨应对和解决每一种类型腐败的办法和制度。第二，要进行分析，找寻、发现形成和产生各种腐败的原因，然后才能对症下药。就如同医生一样，治疗感冒首先得分析你是热感冒还是风寒感冒。不同的感冒吃不同的药。腐败有很多种原因，一个方子肯定解决不了所有的问题。中央提出的八项规定能解决一些腐败问题，中央规定的官员家庭财产申报、核查、公开制度也能解决一些问题，但是都不能解决所有的腐败问题。第三，要进行研究、探讨古今中外治理腐败的各种“药方”。例如，朱元璋是怎么治腐败的，林肯是怎么治腐败的，普京是怎么治腐败的，毛泽东是怎么治腐败的。这些药方都要把它拿出来研究一番，看哪一种药方可以解决哪些腐败问题。第四，要进行制度设计。制度设计今与古应不一样，中与外也应不一样。我们必须考虑当下中国的国情。根据现实中国国情对反腐进行顶层设计、宏观设计和具体的制度设计。顶层设计作为一种高层设计，既要考虑横向的层面，还要考虑纵向的层面；宏观设计可以不从考虑解决某一具体问题出发，而是通盘考虑诸如政治、经济、文化等整体架构的问题，要考虑整体性的相互联系；在顶层设计和宏观设计之下才是具体制度设计的问题。没有顶层设计和宏观设计，单纯进行具体制度设计可能事倍功半。制度在表面上可能设计得很好看，但是在整体上可能作用有限甚至还产生负作用。顶层设计、宏观设计、具体制度设计是我们反腐应遵循的一个基本路径。

反腐必须标本兼治，我们在当下应当主要采取的措施是：其一，坚持全面从严治党，建立和完善对各级党组织与工作部门行使公权力的监督、制约机制。国家公权力是国家机关行使的权力。但在我国，中国共产党是国家的执政党，直接行使部分国家公权力，如党管干部、党管军队、党管重大决策等。有权力必须要有监督。没有监督、制约的权力就必然导致滥用和腐败。目前，党的纪律监督和监察监督可以形成重要的制约，但是光有这种制约还是不够的，如果没有法治的保障，还难以完全避免腐败问题的产生。即使是纪委、监察委，也需要监督——对监督者的监督。因此监察法设有专门一章规定对监察机关和监察人员的监督。

其二，推进政务公开，建立人大会议、党委会议、政府会议（包括全体会议、常务会议、办公会议等）的公开制度。当然，涉及讨论国家秘密、商业秘密和个人隐私事项的会议除外。政务公开一定首先要把人大会议公开，特别是把人大质询、监督官员的会议公开，让官员和人大代表均受到人民的监督。其次，政府、党委的会议也应适度公开，允许媒体适度报道和公民旁听。2017 年 11 月 30 日，中共中央政治局审议通过了《中国共产党党务公开条例（试行）》，这是党的廉政建设和反腐败的一项重大举措。

其三，建立和完善官员家庭财产申报、核查和公开制度。这个制度确实涉及面很大，实行起来会很困难。笔者认为这个制度的建立可以分三步走。第一步先核查已经申报财产的官员的申报是否真实，如发现其中有瞒报、虚报的，可以把他们的情况先公布出来。这样，不但对这个瞒报、虚报的官员是种震慑，对其他官员也是种震慑——你一项内容造假，组织就把你整个申报的内容都公布出来。第二步，公开可以先从省部级高官做起。省部级以上的官员人不太多，阻力会小一些，也可以起到很好的示范效应。对于一般官员，可先只公布拟提拔晋升的。第三步，就是通过正式立法规范官员财产的整个申报、核查和公开制度。

其四，完善人大的质询监督制度。宪法、地方各级人民代表大会和地方各级人民政府组织法、全国人民代表大会和地方各级人民代表大会代表法和监察法都规定了质询制度，但是全国人大和人大常委会很少启动过。地方层面有启动的，但是也不多。现在我们有这个制度，不能让它处于“休眠”状态。我们对官员的问责，不能完全靠党政系统，要更多地靠人大。推进和鼓励人大代表质询问责，对腐败、失职官员就会形成有力的监督。

其五，加强和规范媒体和网络对腐败现象、腐败官员、腐败行为的监督。媒体对腐败分子和腐败行为的曝光、监督，目前力度还不够，有时发现了腐败不敢报。有的媒体记者拿了人家的“封口费”而噤声。我们对新闻媒体揭露腐败应加以鼓励，这对维护稳定是有好处的。现在有些地方对于媒体报道腐败设置障碍，这是不符合法治要求的。当然我们对媒体的行为也要进行规范，我们要通过法律去确立媒体监督的权限、手段、规则。这样既能够保护新闻监督的自由，又能够保护被监督者的隐私权和其他合法权益。网络媒体可以说是时代给予我们的反腐利器，我们要很好地加以利用。以前普通公民没有足够的手段反腐，现在可以充分地利用网络媒体。网络媒体反腐也有可能伤害到公民的隐私权，这需要法律来规制，尽量消除网络监督的副作用。

总之，我们必须认真研究中国国情，精心设计各种反腐制度，并在制度运作过程中不断加以改进完善，使之真正发挥“治本”作用，同时兼及“治标”，力争达到“标本兼治”的最佳效果。

第二章　监察机关的组织与职责

关于监察机关的组织与职责，监察法中规定了各级监察机关的产生、组成、上下级关系、派驻、派出监察机构（监察专员）与监察机关的监察职责（监督、调查、处置）等内容。

一、监察机关的组织

监察机关的组织包括中央和地方两大层级。中央层级的监察机关的名称为“中华人民共和国国家监察委员会”，简称“国家监察委员会”。地方监察机关包括三个级别：一是省、自治区、直辖市的监察委员会；二是设区的市、自治州的监察委员会；三是市（设区的市）辖区、县、自治县、县级市的监察委员会。在地方，乡镇一级不设监察委员会，其公职人员的监察由县级监察机关负责，必要时，县级监察机关可以向乡镇派出监察机构或监察专员对其公职人员进行监察。地方监察委员会的名称都统一叫“监察委员会”，各级别行政区域监察委员会的名称分别在“监察委员会”之前加上其行政区域名称即可，如“××省监察委员会”“××市监察委员会”“××县监察委员会”“××自治区监察委员会”“××自治州监察委员会”等等。

二、国家监察委员会

监察法第八条对国家监察委员会组织的相关问题进行了较具体的规定，主要包括以下六项内容：

（一）国家监察委员会的产生

国家监察委员会与国务院、最高人民法院、最高人民检察院一样，由全国人民代表大会产生，是从属于全国人民代表大会的中央级国家机构。

（二）国家监察委员会的性质、地位和基本职责

国家监察委员会负责全国监察工作，是实现党和国家自我监督的政治机关，不是行政机关、司法机关。[①] 国家监察委员会是负责全国监察工作的机关而非是只负责对中央机关、组织公职人员监察而不负责对地方公职人员监察的机关。

（三）国家监察委员会的组成

明确国家监察委员会由主任、副主任若干人、委员若干人组成。至于副主任若干人、委员若干人的“若干人”

---

① 中共中央纪律检查委员会、中华人民共和国国家监察委员会法规室编写：《〈中华人民共和国监察法〉释义》，中国方正出版社2018年版，第62页。

究竟是多少人，则需要通过今后进一步总结实践探索经验确定，因此法律只能留待以后制定“组织条例”或“三定办法”规定。

（四）国家监察委员会组成人员的产生方式

国家监察委员会组成人员有两种不同产生方式：国家监察委员会主任由全国人民代表大会选举产生；国家监察委员会副主任和委员由国家监察委员会主任提请全国人民代表大会常务委员会任免。这种方式与最高人民法院院长、副院长、最高人民检察院检察长、副检察长等人员的产生方式是一致的：最高人民法院院长、最高人民检察院检察长由全国人民代表大会选举产生；最高人民法院副院长、审判员、审判委员会委员、最高人民检察院副检察长、检察员、检察委员会委员分别由最高人民法院院长、最高人民检察院检察长提请全国人民代表大会常务委员会任免。

（五）国家监察委员会主任的任期

国家监察委员会主任的任期与宪法规定国务院总理、副总理、国务委员、最高人民法院院长、最高人民检察院检察长的任期一致：每届任期同全国人民代表大会每届任期相同，连续任职不得超过两届。

（六）国家监察委员会与全国人大及其常委会的关系

国家监察委员会与全国人大及其常委会的关系是：国家监察委员会对全国人民代表大会及其常务委员会负责，

并接受其监督。这是我国人民代表大会制度的体现和必然要求。根据我国的政体，除全国人民代表大会和地方各级人民代表大会由民主选举产生，直接对人民负责和受人民监督外，我国所有国家机关都由人民代表大会产生，对人民代表大会及其常务委员会负责，受人民代表大会及其常务委员会监督。国家监察委员会自然也不可能例外，必然是由全国人民代表大会产生，对全国人民代表大会及其常务委员会负责，并接受其监督。

三、地方各级监察委员会

监察法第九条对地方各级监察委员会组织的相关问题进行了较具体的规定，包括以下六项内容：

（一）地方各级监察委员会产生

地方各级监察委员会由本级人民代表大会产生，属于从属于本级人民代表大会的地方级国家机构。

（二）地方各级监察委员会的性质、地位和基本职责

地方各级监察委员会负责本行政区域内的监察工作。地方各级监察委员会的性质不是行政机关或司法机关，而是负责对本行政区域内公职人员进行监察的政治机关。[①]

（三）地方各级监察委员会的组成

地方各级监察委员会与国家监察委员会一样，亦由主

---

① 参见中共中央纪律检查委员会、中华人民共和国国家监察委员会法规室编写：《〈中华人民共和国监察法〉释义》，中国方正出版社2018年版，第62页。

任、副主任若干人、委员若干人组成。

（四）地方各级监察委员会组成人员的产生方式

地方各级监察委员会组成人员与国家监察委员会组成人员一样，同样有两种不同产生方式：监察委员会主任由本级人民代表大会选举产生；监察委员会副主任和委员由监察委员会主任提请本级人民代表大会常务委员会任免。

（五）地方各级监察委员会主任的任期

地方各级监察委员会主任的任期同本级人民代表大会任期相同，但监察法没有规定地方各级监察委员会主任连续任职届数的限制，此与对国家监察委员会主任连续任职届数的限制（限两届）不同。

（六）地方各级监察委员会与本级人大及其常委会的关系

地方各级监察委员会与本级人大及其常委会的关系是：监察委员会对本级人民代表大会及其常务委员会负责，并接受其监督。需注意的是，地方各级监察委员会还要对上一级监察委员会负责，并接受其监督。

四、监察系统的内部关系

监察系统的内部关系包括两个层面：第一个层面是国家监察委员会与地方各级监察委员会的关系；第二个层面是上下级监察委员会的关系。监察法确定的这两个层面的关系均是领导关系：国家监察委员会领导地方各级监察委员会的工作，上级监察委员会领导下级监察委员会的工作。这种关系不同于宪法规定的法院审判系统的内部关系：最高人民法院监督地方各级人民法院和专门人民法院的审判工作，上级人民法院监督下级人民法院的审判工作。而与宪法规定的检察系统的内部关系相同：最高人民检察院领导地方各级人民检察院和专门人民法院的工作，上级人民检察院领导下级人民检察院的工作。

领导关系不同于监督关系。在领导关系中，领导方可对被领导方发号施令、可命令指挥被领导方，被领导方必须服从领导方的命令指挥。而在监督关系中，监督方不能对被监督方发号施令，不能命令指挥被监督方，而只能依法纠正被监督方的违法行为。

对此宪法第一百二十五条规定："中华人民共和国国家监察委员会是最高监察机关。国家监察委员会领导地方各级监察委员会的工作，上级监察委员会领导下级监察委员会的工作。"

关于监察系统的内部关系，监察法还规定了监察派驻、派出制度和监察官制度。监察派驻、派出制度①主要有以下四项内容：其一，派驻、派出主体是各级监察委员会，

---

① 监察法没有给出派驻、派出的具体含义。关于二者的区分、派驻、派出的范围、组织形式等，监察法给今后的制度创设留下了较大的空间，有待今后在实践中逐步完善。

而不限于国家监察委员会或省级监察委员会，县级监察委员会也可派出监察机构或监察专员。其二，派出对象包括六类：一是中国共产党机关（如党的组织、宣传、政法、统战等部门）；二是国家机关（如人大、政府、法院、检察院等机关）；三是法律法规授权管理公共事务的组织和单位；四是行政机关委托管理公共事务的组织和单位；五是监察委员会所管辖的相应行政区域（如县级监察委员会向所管辖的乡镇人民政府派出监察机构或监察专员）；六是国有企业。其三，监察委员会向派驻、派出单位既可派驻、派出监察机构，也可派驻、派出监察专员。向某一特定单位究竟是派驻、派出监察机构还是派驻、派出监察专员，视监察工作量大小决定。工作量大则派驻、派出监察机构，工作量小则派驻、派出监察专员。其四，监察委员会对派驻、派出的监察机构、监察专员进行领导、管理，派驻、派出的监察机构、监察专员对派驻、派出其的监察委员会负责。

派驻、派出监察机构、监察专员的职权不是由监察法直接授予的，而是由派驻、派出其的监察委员会授予的。其只能根据派驻、派出其的监察委员会的授权行事，而不能越权。派驻、派出的监察机构、监察专员的一般职责与法律赋予监察委员会的一般职责是基本相同的，即对所派驻、派出的单位、行政区域的公职人员进行监督，提出监察建议；依法对公职人员进行调查和处置。但监察法第十三条对之有一个限制："按照管理权限"。因为派驻、派出的监察机构、监察专员只能根据派驻、派出其的监察委员会授予的管理权限行使职权和履行职责，不能超越授权行事。

关于监察官制度。监察法只是创设和确立了该制度，但对制度的具体内容并没有规定，而是授权其他法律或法规确定监察官的等级设置、任免、考评和晋升等具体内容。监察法第十四条使用了"依法"两字，这里"依法"的"法"，既可以是法律，也可能是法规，因此今后监察官制度立法既可能由全国人大或全国人大常委会如同制定法官法、检察官法一样，依照监察法制定"监察官法"，也可能由国家监察委员会依照监察法制定相关规定。

五、监察机关的职责

监察委员会的法定职责包括下述三类：

（一）监督

监察委员会的第一类职责是对公职人员进行监督检查。监督检查的内容包括四项：第一项是依法履职的情况，即监督检查公职人员是否存在不作为和乱作为（即违法作为）的情况；第二项是秉公用权的情况，即监督检查公职人员是否存在以权谋私，利用职权为自己及其亲属或其他关系人、朋友等谋利的情况；第三项是廉洁从政从业的情况，即监督检查公职人员是否存在贪污受贿，权钱交易、权色交易的情况；第四项是道德操守的情况，即监督检查公职人员是否存在违反从政道德、职业道德和社会公德及私德（包括孝敬父母、夫妻忠诚方面的道德）的情况。

监察委员会的第一类职责还包括“对公职人员开展廉政教育”的内容，这可以认为是广义的监督、积极的监督。廉政教育可以是理想信念教育和宣传先进模范人物的正面教育，也可以是通过公布“老虎”“苍蝇”的反面典型材料对公职人员进行警示和预防腐败的教育。

（二）调查

监察委员会的第二类职责是对涉嫌贪污贿赂、滥用职权、玩忽职守、权力寻租、利益输送、徇私舞弊以及浪费国家资财等职务违法和职务犯罪进行调查。调查又分为两种：一种是对职务违法行为的调查；一种是对职务犯罪行为的调查。职务违法和职务犯罪虽然具有性质的区别，但行为的内容可能是相同的。例如，行为的内容可能同样是贪污贿赂、滥用职权、玩忽职守，或者权力寻租、利益输送、徇私舞弊以及浪费国家资财等，情节轻微即为“职务违法”，情节严重则构成“职务犯罪”。在国家监察体制改革以前，对职务违法行为的调查属于行政监察机关的职责，对职务犯罪行为的侦查则属于检察机关的职责。根据监察法第十一条，今后调查职务违法和调查职务犯罪均属于监察委员会的职责。检察机关原负责侦查职务犯罪的人员现在已转隶监察委员会，这为监察委员会履行该职责提供了非常有利的条件。

（三）处置

监察委员会的第三类职责是对违法的公职人员依法作出政务处分决定；对履行职责不力、失职失责的领导人员进行问责；对涉嫌职务犯罪的，将调查结果移送人民检察院依法审查、提起公诉；向监察对象所在单位提出监察建议。“处置”主要包括五项内容：其一，对违法行为情节较轻的公职人员进行谈话提醒、批评教育、责令检查或予以诫勉；其二，对违法公职人员作出警告、记过、记大过、降级、撤职、开除等政务处分决定；其三，对不履行或不正确履行职责负有责任的领导人员作出问责决定，或者向有权作出问责决定的机关提出问责建议；其四；对涉嫌职务犯罪的，将调查结果移送人民检察院依法审查、提起公诉；其五，向监察对象所在单位提出监察建议。监察委员会在办案过程中，发现监察对象所在单位存在制度不完善，对公职人员管理存在缺陷、漏洞，或存在其他违法、违纪问题，需要其自我纠正、自我改进，应该向其提出监察建议。

第三章 监察对象与管辖

监察法第三章规定了监察对象的范围（共六类人员）和管辖规则，包括级别管辖、地域管辖、管辖权上移、指定管辖、移送管辖和管辖争议解决的相应规则等。

一、监察对象

监察法规定的六类监察对象绝大多数属于国家公职人员，但也包括少量行使社会管理职能的人员，如国有企业、公办事业单位、基层群众性自治组织中从事管理的人员。下面我们对这六类监察对象分别予以阐释。

（一）中国共产党机关、人民代表大会及其常务委员会机关、人民政府、监察委员会、人民法院、人民检察院、中国人民政治协商会议各级委员会机关、民主党派机关和工商业联合会机关的公务员，以及参照《中华人民共和国公务员法》管理的人员

这类监察对象是整个监察的最主要监察对象，又包括九个小类的人员：其一，中国共产党各级各类机关的公务员。“中国共产党机关”指中国共产党各级组织（中央、

地方省市县乡镇等）及其各个工作部门（如组织、宣传、统战、纪委、政法委等）的机关，“公务员”指依法履行公职、纳入国家行政编制、由国家财政负担工资福利的工作人员。[①] 因此，凡是在党的各级各类机关中工作且具有公务员身份的人员均是监察的对象。其二，各级人民代表大会及其常务委员会机关的公务员。各级监察机关虽然由各级相应人大产生，对人大负责和受人大监督，但在各级人大及其常委会机关工作的公务员同样是监察机关的监察对象。其三，各级人民政府机关的公务员。人民政府及其工作部门的公务员是整个公务员队伍中数量最多的公务员群体，因此，他们是第一类监察对象中最主要的对象。其四，各级监察委员会（包括派驻、派出监察机构）的公务员。监察委员会虽然是监察的主体，它们有权依法对各个机关、组织、机构中的公职人员进行监察，但它们同样要对在自己机关工作的公务员进行监察。在各级监察委员会工作的监察人员都是公务员，因此，他们同样要接受各级相应监察委员会的监察。其五，各级人民法院的法官和不具有法官身份的公务员。我国法官均具有公务员身份，但

① 参见公务员法第二条。根据国家相关规定，下列机关列入公务员法实施范围：（一）中国共产党各级机关；（二）各级人民代表大会及其常务委员会机关；（三）各级行政机关；（四）中国人民政治协商会议各级委员会机关；（五）各级审判机关；（六）各级检察机关；（七）各民主党派和工商联的各级机关。

在法院工作的具有公务员身份的工作人员并非都是法官，而二者均属于监察对象。其六，各级人民检察院的检察官和不具有检察官身份的公务员。与法官一样，我国检察官均具有公务员身份，但在检察院工作的具有公务员身份的工作人员并非都是检察官，而二者亦均属于监察对象。其七，中国人民政治协商会议各级委员会机关的公务员。我国宪法规定，中国人民政治协商会议是有广泛代表性的统一战线组织。它虽然不是国家机关，但在我国政治生活和社会生活中具有重要作用，在各级政协中的工作人员一般都具有公务员身份，从而是相应各级监察委员会的监察对象。其八，民主党派机关和工商业联合会机关的公务员。我国的政党制度不同于西方国家的政党制度，没有执政党与反对党、在朝党与在野党之分，而只有执政党与参政党之分。我国的各民主党派①均为参政党，各民主党派机关和工商业联合会机关的工作人员绝大多数具有公务员身份，从而也是监察机关的监察对象。其九，参照《中华人民共和国公务员法》管理的人员。我国公务员法第一百零六条规定，法律、法规授权的具有公共事务管理职能的事业单位中除工勤人员以外的工作人员，经批准参照公务员法进

① 我国共有八个民主党派，它们分别：中国国民党革命委员会、中国民主同盟、中国民主建国会、中国民主促进会、中国农工民主党、中国致公党、九三学社、台湾民主自治同盟。

行管理。这类人员虽然不具有公务员身份，但因为他们行使具有公共事务管理性质的职能，经过有关批准手续后被纳入公务员管理的范围，人事管理部门按公务员法的规定对他们进行管理，监察法亦将之确定为监察机关的监察对象。

（二）法律、法规授权或者受国家机关依法委托管理公共事务的组织中从事公务的人员

这类人员既不同于第一大类人员中的前八种人员，因为其不具有公务员身份，也不同于第一大类人员中的第九种人员，其非参照《中华人民共和国公务员法》进行管理，不适用公务员的职务、工资、福利制度。但他们虽然不是公务员和“参公管理人员”，却依法律、法规授权或受国家机关依法委托“从事公务”，故他们亦被确定为监察机关的监察对象。这里，“依法律、法规授权”与“受国家机关委托”，对他们作为监察机关监察对象没有区别，但对他们“从事公务”行为的外部方式、效果却有重要区别：他们“依法律、法规授权从事公务”是以其所在管理公共事务组织的名义进行，并由该组织对外承担法律责任；而他们如依“受国家机关委托从事公务”则是以委托其行为的国家机关的名义进行，并由该国家机关对外承担法律责任。

（三）国有企业管理人员

目前法律、法规对“国有企业管理人员”这类人员的

范围尚未明确界定。一般来说，这里的“国有企业”大致包括国有独资企业、国有控股企业（含国有独资金融企业和国有金融控股企业）及其分支机构。这里的“国有企业管理人员”主要指企业领导班子，包括设董事会的企业中由国有股权代表出任的董事长、副董事长、董事、总经理、副总经理、党委书记、副书记、工会主席等；未设董事会的企业中的总经理（总裁）、副总经理（副总裁）、党委书记、副书记、工会主席等。此外，对国有资产负有经营管理责任的国有企业中层和基层管理人员，包括部门经理、部门副经理、总监、副总监、车间负责人等；在管理、监督国有资产等重要岗位上的工作人员，如会计、出纳等；国有企业所属事业单位的领导人员，国有资本参股企业和金融机构中对国有资产负有经营管理责任的人员，也属于这里的“国有企业管理人员”的范畴。

根据最高人民法院2000年《关于对受委托管理、经营国有财产人员挪用国有资金行为如何定罪问题的批复》、2001年《关于在国有股份有限公司中从事管理工作的人员非法行为如何定罪问题的批复》，界定“国有企业管理人员”似乎以是否接受国家任命或委托为标准。但以“政府有关管理部门任命的，派遣到国有企业任职的人员”作为监察对象的“国有企业管理人员”的标准可能太窄，对国有企业董事长、总经理、董事、监事等高级管理层以下的一般管理人员（中层干部及享有干部身份的一般管理人员）完全排除在“国有企业管理人员”的范围是不符合监察“全覆盖”的原则精神的，但将所有国企基层“干部”（班组长、车间主任等）都纳入又会范围太宽。笔者认为，具体标准和范围国家监察委员会将很快制定规范加以确定。

（四）公办的教育、科研、文化、医疗卫生、体育等单位中从事管理的人员

此类人员与“国有企业管理人员”一样，其范围目前也不完全明确。如公立大学，国务院或教育部任命的校长、副校长、党委书记、副书记；国家有关机关任命的科研院所的院长、所长、党委书记、副书记；公立医院的院长、副院长、党委书记、副书记等，肯定属于作为监察对象的“管理人员”的范围，但大学自己任命或通过其他方式（如选举、聘任等）产生的各院系院长、系主任、各管理部门（如教务、人事、财务、科研、后勤等）的负责人是否属于作为监察对象的“管理人员”的范围，目前就尚不明确。这需要国家监察委员会尽快制定规范加以明确，以保证监察法的正确和有效实施。

有观点认为，公办教育、科研、文化、医疗卫生、体育等单位及其分支机构中层和基层管理人员，包括管理岗六级以上职员，从事与职权相联系的管理事务的其他职员；

在管理、监督国有财产等重要岗位上工作的人员，包括会计、出纳人员、采购、基建部门人员涉嫌职务违法和职务犯罪，监察机关可以依法调查。此外，临时从事与职权相联系的管理事务，包括依法组建的评标委员会、竞争性谈判采购中谈判小组、询价采购中询价小组的组成人员，在招标、政府采购等事项的评标或者采购活动中，利用职权实施职务违法和职务犯罪行为，监察机关也可以依法调查。①

（五）基层群众性自治组织中从事管理的人员

这类对象范围的确定涉及两个概念的界定：一是什么是“基层群众性自治组织”，二是什么是“从事管理的人员”。关于“基层群众性自治组织”，宪法第一百一十一条第一款规定，城市和农村按居民居住地区设立的居民委员会或者村民委员会是基层群众性自治组织。根据宪法的这一规定，居民委员会或者村民委员会肯定是“基层群众性自治组织”。但是能不能反过来推论“基层群众性自治组织”就只包括居民委员会或者村民委员会呢？恐怕不能。现在城市中大量存在的社区组织——社区委员会——是否应列入“基层群众性自治组织”的范围，有待研究和确

---

① 中共中央纪律检查委员会、中华人民共和国国家监察委员会法规室编写：《〈中华人民共和国监察法〉释义》，中国方正出版社2018年版，第113页。

定。至于什么是基层群众性自治组织中“管理人员”的范围，同样也有待明确：居民委员会支书、主任或者村民委员会支书、主任自不待说，但副支书、副主任、会计、委员、居民委员会或者村民委员会所设人民调解、治安保卫、公共卫生等委员会的负责人是否应列入基层群众性自治组织中“管理人员”的范围，接受监察，则有待研究和确定。笔者认为，这些人员是否是“管理人员”，关键取决于其行使的职能是否与公共管理有关，[①] 只要其行使的职能与公共管理有关，就应列入监察对象的范围。

（六）其他依法履行公职的人员

这是监察法就监察对象的范围作出的兜底性规定，其目的在于保证该法第一条规定的“加强对所有行使公权力的公职人员的监督，实现国家监察全面覆盖”的立法目的的实现。尽管监察法第十五条前面五项对监察对象的范围已经作了相当全面的列举规定，但仍恐挂一漏万。如果在监察法实施过程中，万一发现有前五项列举中不能包括进

---

① 关于基层群众性自治组织的公共管理职能，有人将之归纳为下述七项：（1）救灾、抢险、防汛、优抚、移民、救济款物的管理；（2）社会捐助公益事业款物的管理；（3）国有土地的经营和管理；（4）土地征用补偿费用的管理；（5）代征、代缴税款；（6）有关计划生育、户籍、征兵工作；（7）协助人民政府等国家机关在基层群众性自治组织中从事的其他管理工作（参见中共中央纪律检查委员会、中华人民共和国国家监察委员会法规室编写：《〈中华人民共和国监察法〉释义》，中国方正出版社2018年版，第113～114页）。

去的“公职人员”，就可以启用此第六项兜底规定，将之作为“其他依法履行公职的人员”进行监察。

二、监察管辖

（一）监察级别管辖和地域管辖的一般规则

就级别管辖而言，各级监察机关可以管辖本辖区内所有监察事项，尽管国家、省、市、县各级监察委员会对“管理权限”有内部分工，但监察管辖不同于司法管辖。对于司法管辖，诉讼法明确规定哪些案件由基层人民法院管辖，哪些案件由中级人民法院管辖，哪些案件由高级人民法院管辖，等等。[①] 监察法没有这样明确的级别管辖划分。即使各级监察委员会对监察对象有内部管辖划分，但监察法第十六条第二款规定，“上级监察机关可以办理下一级监察机关管辖范围内的监察事项，必要时也可以办理所辖各级监察机关管辖范围内的监察事项”。这也就是说，国家监察委员会不仅可以办理省级监察委员会管辖范围内的监察事项，必要时也可以办理市级乃至县级监察委员会管辖范围内的监察事项；省级监察委员会不仅可以办理市

---

① 例如，行政诉讼法第十四条至第十七条规定，基层人民法院管辖第一审行政案件；中级人民法院管辖下列第一审行政案件：（1）对国务院部门或者县级以上地方人民政府所作的行政行为提起诉讼的案件；（2）海关处理的案件；（3）本辖区内重大、复杂的案件；（4）其他法律规定由中级人民法院管辖的案件；高级人民法院管辖本辖区内重大、复杂的第一审行政案件；最高人民法院管辖全国范围内重大、复杂的第一审行政案件。

级监察委员会管辖范围内的监察事项，必要时也可以办理市辖区、县级监察委员会管辖范围内的监察事项，等等。

就地域管辖而言，各地监察机关按照管理权限管辖本辖区内监察对象所涉监察事项。应该说，监察地域管辖的范围比司法地域管辖的范围明确，因为监察针对的主要是人——公职人员，司法针对的主要是事——争议案件，公职人员所属管辖区域一般比较明确，很少会发生某公职人员是河北省管还是河南省管，是北京市海淀区管还是西城区管的争议，司法争议案件则不同，涉及争议发生地、当事人居住地、户籍地、不动产所在地等，确定管辖非常复杂。当然，监察地域管辖也不是完全不会发生争议，如公职人员工作岗位调动、挂职锻炼、借调等，也可能出现管辖争议的问题。所以监察法第十六条第三款也作了万一发生争议时解决途径的规定："监察机关之间对监察事项的管辖有争议的，由其共同的上级监察机关确定"。

（二）指定管辖

监察法中关于指定管辖包括三项规则：其一，上级监察机关可以将其所管辖的监察事项指定下级监察机关管辖。上级监察机关之所以指定下级监察机关管辖其所管辖的监察事项，可能是出于办理某一特定案件方便的需要，也可能是上级监察机关案多而下级监察机关案件相对较少的缘故。监察机关上下级是领导指挥关系，上级监察机关有权指定下级监察机关办理自己管辖的监察事项，是其相互关系的性质使然。其二，上级监察机关将下级监察机关有管辖权的监察事项指定给其他监察机关管辖。上级监察机关之所以做这种指定，可能是因为某下级监察机关负责人或主要监察人员与某一特定案件有某种利害关系，需要回避，也可能是上级监察机关某一时期调节各个下级监察机关工作量（有的下级监察机关可能某一时期案多人少，有的下级监察机关可能某一时期案少人多）的需要，还可能是出于某种办案方便的考虑。其三，下级监察机关认为所管辖的监察事项重大、复杂，需要由上级监察机关管辖的，可以报请上级监察机关管辖。这与上级监察机关将其所管辖的监察事项指定下级监察机关管辖稍有不同。上级监察机关指定下级监察机关管辖其所管辖的监察事项，下级监察机关一般必须接受。即使有某种原因难于接受，也只能向上级监察机关解释说明，请求上级监察机关改变指定。上级监察机关认为下级监察机关解释说明的理由不充分，不改变指定，下级监察机关必须服从。而下级监察机关将其所管辖的监察事项报请上级监察机关管辖，则必须先取得上级监察机关的同意，上级监察机关认为下级监察机关报请其管辖的监察事项并非重大、复杂而需要由其代下级监察机关管辖，完全可以不接受下级监察机关的报请，而仍退回下级监察机关管辖。

第四章　监察权限与相关制度

一、监察权限

监察法具体明确规定了监察机关的权限——行使监督、调查职权可采取的措施、手段。这些权限共十五项：谈话、讯问、询问、留置、查询、冻结、搜查、调取、查封、扣押、勘验检查、鉴定、技术调查、通缉、限制出境。监察法在规定监察权限的同时，对采取这些措施手段规定了条件和程序规则（如留置只适用于严重职务违法或犯罪的被调查人，且案情重大、复杂，或可能逃跑自杀等四种情形之一者；搜查只适用涉嫌职务犯罪的被调查人及可能隐藏被调查人或犯罪证据的人身体、物品、住处和其他有关地方）。

监察法第十八条规定，监察机关行使监督、调查职权，有权依法向有关单位和个人了解情况，收集、调取证据。有关单位和个人应当如实提供。监察机关及其工作人员对监督、调查过程中知悉的国家秘密、商业秘密、个人隐私，应当保密。任何单位和个人不得伪造、隐匿或者毁灭证据。

监察法这条规定的是一项概括性和综合性的权限：调查取证。调查取证之所以是概括性和综合性的权限，是因为监察法规定的其他权限、手段，如谈话、讯问、询问、查询、冻结、搜查、调取、查封、扣押、勘验检查、鉴定等都是为调查取证服务的，从属于调查取证的总目的。调查取证是监察机关履行监察职责、行使监察职权，实现监察目的非常重要的权限和手段。为保证该监察权限、手段得到有效和正确的运用，监察法第十八条确立了对于有关单位和个人以及监察机关及其工作人员本身应遵循的三项规则：

其一，监察机关行使监督、调查职权，有权依法向有关单位和个人了解情况，收集、调取证据。有关单位和个人应当如实提供。这项规则既对监察机关提出了要求：其调查取证的目的应该是为了“行使监督、调查职权”而非其他目的；调查取证应当“依法”进行，遵守正当法律程序；[①] 也对被调查取证的单位和个人提出了要求：“应当如实提供”情况和证据。

其二，监察机关及其工作人员对监督、调查过程中知悉的国家秘密、商业秘密、个人隐私，应当保密。这项规

① 监察法第四十一条规定了调查取证的正当法律程序：应当依照规定出示证件，出具书面通知，由二人以上进行，形成笔录、报告等书面材料，并由相关人员签名、盖章。调查人员进行讯问以及搜查、查封、扣押等重要取证工作，应当对全过程进行录音录像，留存备查。

则是对监察机关及其工作人员确定的一项重要义务：其对监督、调查过程中知悉的国家秘密、商业秘密、个人隐私，应当保密。因为泄密，无论是故意泄露，还是过失泄露，都可能给国家利益或者公民、法人和其他组织的利益，或者同时给国家以及公民、法人和其他组织的利益，带来重大的损失。为保证监察机关及其工作人员对这一义务的履行，监察法第六十五条还规定了违反这一义务的法律责任（政务处分等），第六十六条还规定了违反这一义务构成犯罪的应依法追究刑事责任。

其三，任何单位和个人不得伪造、隐匿或者毁灭证据。这项规则是对被调查取证的单位和个人以及其他单位和个人确定的一项重要义务。“任何单位和个人”首先是指被调查取证的单位和个人，监察机关向其了解情况，收集、调取证据时，其应当如实提供，不得伪造、隐匿或者毁灭证据。“任何单位和个人”其次也指被调查取证单位和个人以外的其他任何单位和个人。其他任何单位和个人，即使监察机关没有向其了解情况，收集、调取证据，其也不得伪造、隐匿或者毁灭证据。因为这些伪造的证据可能通过其他渠道进入监察机关，这些隐匿或者毁灭的证据会使监察机关今后永远不能获取或难以及时获取，从而严重妨碍监察机关监察职能的行使。为保证任何单位和个人对这一规则的履行，监察法第六十三条规定了违反这一规则的法律责任（由其所在单位、主管部门、上级机关或者监察机关责令改正，依法给予处理），第六十六条还规定了违反这一规则，构成犯罪的应依法追究刑事责任。

下面我们对十五项监察权限依其不同的内容，将之归纳为六个类别加以阐释。

（一）谈话、讯问与询问

1. 谈话

监察机关对可能发生职务违法的监察对象，按照管理权限，可以直接或者委托有关机关、人员进行谈话或者要求说明情况。这一规则有三项内容：其一，明确谈话或者要求说明情况的对象是“可能发生职务违法的监察对象”。监察机关在日常监察过程中发现特定监察对象有轻微违纪行为（有群众反映、举报或从其他渠道知悉），有可能发展为违法甚至犯罪，为避免其在错误的道路上继续走下去，挽救该公职人员，也防止国家利益和公共利益的损失，监察机关有必要对该公职人员“扯扯袖子”，与其谈话，要求说明情况，予以警示。

其二，确定进行谈话或者要求说明情况的主体可以是监察机关自己，也可以是监察机关委托的有关机关、人员。所谓“有关机关、人员”一般是“可能发生职务违法的监察对象”所在的机关（机关负责人）或组织、人事部门的负责人。如果“可能发生职务违法的监察对象”是所在的机关主要负责人，“有关机关、人员”则是其上级机关（机关负责人）或上级机关组织、人事部门的负责人。

其三，监察机关应按照管理权限，直接或者委托有关机关、人员进行谈话或者要求说明情况。所谓“按照管理权限”即遵守监察法第三章有关监察机关管辖的规定，监察机关直接或者委托有关机关、人员进行谈话或者要求说明情况的“可能发生职务违法的监察对象”是其管辖的监察对象。

2. 讯问

在调查过程中，监察机关对涉嫌职务违法的被调查人，可以要求其就涉嫌违法行为作出陈述，必要时可向被调查人出具书面通知。对涉嫌贪污贿赂、失职渎职等职务犯罪的被调查人，监察机关可以进行讯问，要求其如实供述涉嫌犯罪的情况。这一规则有五项内容：

其一，要求被调查人陈述的条件是监察机关在进行调查的过程中，认定被调查人已经“涉嫌职务违法”，此不同于监察机关行使第一项权限、采取第一种手段——谈话或者要求说明情况——的条件：监察对象“可能发生职务违法”。认定特定监察对象“涉嫌职务违法”应该有初步的证据材料证实。当然，“涉嫌”职务违法并不等于被调查人确实实施了职务违法，被调查人可能实施了职务违法的证据材料有待于进一步核实，所以有必要要求“涉嫌”

人陈述，以便进一步了解情况，查明事实。

其二，监察机关要求被调查人陈述的内容是其涉嫌作出的违法行为，即要求其说明其是否确实作出了相应的“涉嫌职务违法”行为，如果确实作出，则说明如何作出，作出的时间、地点、目的、动机、手段、方式、结果，以及与之有关系的人和事等。

其三，监察机关在要求被调查人陈述，认为必要时，可向被调查人出具书面通知。所谓“必要”，是指为查明被调查人“涉嫌职务违法”行为事实的必要。在有的情况下，监察机关认为向被调查人出具书面通知，让被调查人事前有所准备，对其陈述和接受讯问会有更好的效果，所以就认为有给其出具书面通知的“必要”。在另外的情况下，监察机关认为向被调查人出具书面通知，让被调查人事前有所准备，反而可能影响其陈述和接受讯问的效果，不利于查明被调查人“涉嫌职务违法”行为事实，自然就没有给其出具书面通知的“必要”，从而不应该和不可能给其出具书面通知。

其四，对涉嫌贪污贿赂、失职渎职等职务犯罪的被调查人，监察机关可以进行讯问。首先，进行讯问的对象是“涉嫌贪污贿赂、失职渎职等职务犯罪的被调查人”，而不同于上文“要求作出陈述”的对象是“涉嫌职务违法的被调查人”。其次，讯问对象的范围是“涉嫌贪污贿赂、失职渎职等职务犯罪的被调查人”。这里的“职务犯罪”主要是指“贪污贿赂、失职渎职”犯罪但又不限于此，因为监察法在此条文中还使用了“等”，这就说明除“贪污贿赂、失职渎职”犯罪外，还可能存在其他“职务犯罪”。此外，该项条文的用词使用的是“可以”，这里的“可以”是授权之意，不是既“可以”也可以“不可以”的意思。换一个表述，即是“对涉嫌贪污贿赂、失职渎职等职务犯罪的被调查人，监察机关有权进行讯问”。

其五，对被讯问的被调查人提出要求，其应如实供述涉嫌犯罪的情况。被调查人只有如实供述涉嫌犯罪的情况，才有利于监察机关尽快查明案情，正确对被调查人作出处置。同时被调查人也可能因“如实供述涉嫌犯罪的情况”这一情节而依法得到从轻处罚。

3. 询问

在调查过程中，监察机关可以询问证人等人员。询问证人是监察机关调查取证、查明案情的基本手段之一。刑事诉讼法规定，证人证言是人民法院审理刑事案件可以用于证明案件事实，作为证据使用的八种材料之一。[①] 但是，证人证言必须在法庭上经过公诉人、被害人和被告人、辩护人双方质证并且查实以后，才能作为定案的根据。[②] 因

---

① 参见刑事诉讼法第四十八条。

② 参见刑事诉讼法第五十九条。

此，监察机关在询问证人过程中，一定要遵循正当法定程序，[①] 保证证人证言的真实性和合法性。

（二）留置

根据监察法第二十二条的规定，监察机关对涉嫌贪污贿赂、失职渎职等严重职务违法或者职务犯罪，且已经掌握其部分违法犯罪事实及证据，仍有重要问题需要进一步调查，并有下列情形之一的被调查人，经依法审批，可以将其留置在特定场所：“（一）涉及案情重大、复杂的；（二）可能逃跑、自杀的；（三）可能串供或者伪造、隐匿、毁灭证据的；（四）可能有其他妨碍调查行为的。”此外，对涉嫌行贿犯罪或者共同职务犯罪的涉案人员，监察机关可以依照上述规定采取留置措施。留置场所的设置、管理和监督依照国家有关规定执行。

监察法赋予监察机关的该项权限、手段，在监察法赋予监察机关的十五项权限、手段中，强制性程度最高，对被调查人权益（特别是人身权）影响最严重。因此，监察法对适用该项权限、手段规定了严格的条件。首先，留置适用的对象限于“涉嫌贪污贿赂、失职渎职等严重职务违法或者职务犯罪，监察机关已经掌握其部分违法犯罪事实及证据，仍有重要问题需要进一步调查的被调查人”。

① 此项正当法律程序规定于监察法第四十一条。

其次，这些被调查人还必须具有下列四种情形之一：（1）涉及案情重大、复杂的；（2）可能逃跑、自杀的；（3）可能串供或者伪造、隐匿、毁灭证据的；（4）可能有其他妨碍调查行为的。

再次，对被调查人适用留置须经监察机关依法审批，监察法第四十三条规定了留置审批的严格程序。

最后，监察法第二十二条还对留置场所的设置、管理和监督作了规定：依照国家有关规定执行。本条虽然没有规定具体的留置场所，但对留置场所的设置、管理和监督予以了限制，必须依照国家有关规定执行，而不能任意设置、任意管理和疏于监督。目前，国家关于留置场所的设置、管理和监督的统一规定尚未出台。根据实践中的做法，留置场所现在多是设置在由公安机关负责管理的，有严格安全保障和严格法制规范的,[①] 羁押依法被逮捕、刑事拘留的人员的看守所。

另外，监察法第二十二条还规定了一种特殊的留置对象：涉嫌行贿犯罪或者共同职务犯罪的涉案人员。对这些人员，监察机关可以依照对被调查人留置的规定同样采取留置措施。之所以对涉嫌行贿犯罪或者共同职务犯罪的涉案人员也同样进行留置，是为了防止这些犯罪嫌疑人进行串供或者伪造、隐匿、毁灭证据，妨碍监察机关调查工作

---

① 参见《中华人民共和国看守所条例》。

的正常进行。

（三）查询、冻结与搜查

1. 查询

监察机关调查涉嫌贪污贿赂、失职渎职等严重职务违法或者职务犯罪，根据工作需要，可以依照规定查询涉案单位和个人的存款、汇款、债券、股票、基金份额等财产。有关单位和个人应当配合。这一规则包括三项内容：其一，查询适用的对象是涉嫌贪污贿赂、失职渎职等严重职务违法或者职务犯罪的涉案单位和个人；其二，查询适用的范围包括存款、汇款、债券、股票、基金份额等财产；其三，查询适用的条件是“根据工作需要”和“依照规定”，所谓“根据工作需要”，主要是指根据案件调查的需要；所谓“依照规定”主要是指依照法律、法规有关查询程序的规定。

2. 冻结

监察机关调查涉嫌贪污贿赂、失职渎职等严重职务违法或者职务犯罪，根据工作需要，可以依照规定冻结涉案单位和个人的存款、汇款、债券、股票、基金份额等财产。有关单位和个人应当配合。冻结的财产经查明与案件无关的，应当在查明后三日内解除冻结，予以退还。这一规则包括四项内容：其一，冻结适用的对象是涉嫌贪污贿赂、失职渎职等严重职务违法或者职务犯罪的涉案单位和个人；

其二，冻结适用的范围包括存款、汇款、债券、股票、基金份额等财产；其三，冻结适用的条件是“根据工作需要”和“依照规定”，这里所谓“根据工作需要”，主要是指根据案件调查的需要和今后作出处置决定和执行处置决定的需要；所谓“依照规定”主要是指依照法律、法规有关冻结程序的规定；其四，冻结的财产经查明与案件无关的，应当在查明后三日内解除冻结，予以退还。监察法作出这一规定主要是为了保障财产被冻结的当事人的合法权益，防止监察机关过度采取冻结措施给当事人财产造成不应有的损失。在以往的实践中，有的监察机关或某些其他执法机关往往在查明被冻结财产与案件无关后，仍然迟迟不解除冻结并予以退还，导致当事人遭受财产重大损失，甚至导致企业破产，正是有鉴于这些教训，监察法作了此项规定。

3. 搜查

监察机关可以对涉嫌职务犯罪的被调查人以及可能隐藏被调查人或者犯罪证据的人的身体、物品、住处和其他有关地方进行搜查。在搜查时，应当出示搜查证，并有被搜查人或者其家属等见证人在场。搜查女性的身体，应当由女工作人员进行。监察机关进行搜查时，可以根据工作需要提请公安机关配合。公安机关应当依法予以协助。

监察法赋予监察机关的这一权限、手段由于严重涉及被搜查人的人身和财产权益，故对之作出了诸多重要限制性规定。这主要表现在下述四个方面：

其一，搜查的对象限于涉嫌职务犯罪的被调查人以及可能隐藏被调查人或者犯罪证据的人的身体、物品、住处和其他有关地方，监察机关不能对一般职务违法的人和没有可能隐藏被调查人或者犯罪证据的人的身体、物品、住处和其他有关地方进行搜查。

其二，搜查应当出示搜查证，并有被搜查人或者其家属等见证人在场。这是法律对搜查程序的规定，搜查除了遵循此项程序的规定外，还须遵循监察法第四十一条的规定：依照规定出示证件，出具书面通知，由二人以上进行，形成笔录、报告等书面材料，并由相关人员签名、盖章。此外，调查人员进行搜查等重要取证工作，应当对全过程进行录音录像，留存备查。

其三，搜查女性的身体，应当由女工作人员进行。这一规定与刑事诉讼法第一百三十七条的规定一致，体现了宪法关于尊重和保障人权的原则和精神。

其四，监察机关进行搜查时，可以根据工作需要提请公安机关配合，公安机关应当依法予以协助。公安机关对监察机关进行搜查依法予以协助，实际上不仅是对监察机关行使这一权限、运用搜查手段的配合，也是对监察机关行使这一权限、运用搜查手段的制约，有利于防止监察机关对这一权限的滥用。

（四）调取、查封与扣押

由于调取、查封与扣押这三种权限、手段紧密联系，故此处不分开论述而一并阐释。

监察法第二十五条规定，监察机关在调查过程中，可以调取、查封、扣押用以证明被调查人涉嫌违法犯罪的财物、文件和电子数据等信息。采取调取、查封、扣押措施，应当收集原物原件，会同持有人或者保管人、见证人，当面逐一拍照、登记、编号，开列清单，由在场人员当场核对、签名，并将清单副本交财物、文件的持有人或者保管人。对调取、查封、扣押的财物、文件，监察机关应当设立专用账户、专门场所，确定专门人员妥善保管，严格履行交接、调取手续，定期对账核实，不得毁损或者用于其他目的。对价值不明物品应当及时鉴定，专门封存保管。查封、扣押的财物、文件经查明与案件无关的，应当在查明后三日内解除查封、扣押，予以退还。

监察法对这一监察权限、手段确立了四项行使规则：

其一，调取、查封、扣押的对象应是用以证明被调查人涉嫌违法犯罪的财物、文件和电子数据等信息。如果相应财物、文件和电子数据等信息与证明被调查人涉嫌违法犯罪无关，则不应调取、查封或扣押。

其二，采取调取、查封、扣押措施，应当收集原物原件，会同持有人或者保管人、见证人，当面逐一拍照、登记、编号，开列清单，由在场人员当场核对、签名，并将清单副本交财物、文件的持有人或者保管人。确定这一规则的目的是为了保证被调取、查封、扣押的财物、文件和电子数据等信息作为证据的真实性和合法性。

其三，对调取、查封、扣押的财物、文件，监察机关应当设立专用账户、专门场所，确定专门人员妥善保管，严格履行交接、调取手续，定期对账核实，不得毁损或者用于其他目的。对价值不明物品应当及时鉴定，专门封存保管。确定这一规则的目的是为了保证被调取、查封、扣押的财物、文件和电子数据等信息的安全，防止丢失或毁损。

其四，查封、扣押的财物、文件经查明与案件无关的，应当在查明后三日内解除查封、扣押，予以退还。确定这一规则的目的主要在于保障财产被查封、扣押的当事人的合法权益。防止监察机关滥用查封、扣押权给当事人财产或其他权益造成不应有的损失。

（五）勘验检查与鉴定

1. 勘验检查

监察机关在调查过程中，可以直接或者指派、聘请具有专门知识、资格的人员在调查人员主持下进行勘验检查。勘验检查情况应当制作笔录，由参加勘验检查的人员和见证人签名或者盖章。

这一规则包括三项内容：其一，勘验检查的主体可以是监察机关本身，也可以是监察机关聘请的具有专门知识、资格的人员。

其二，勘验检查如果是由监察机关聘请的具有专门知识、资格的人员实施，则必须在监察机关调查人员主持下进行。

其三，勘验检查情况应当制作笔录，由参加勘验检查的人员和见证人签名或者盖章。监察法确立这一规则的目的在于保证勘验检查结论之后作为证据使用的有效性和证明力。

2. 鉴定

监察机关在调查过程中，对于案件中的专门性问题，可以指派、聘请有专门知识的人进行鉴定。鉴定人进行鉴定后，应当出具鉴定意见，并且签名。

这一规则包括三项内容：其一，鉴定的对象是案件中的专门性问题，而非一般的法律问题或事实问题。一般的法律问题或事实问题不适用鉴定。

其二，鉴定人应是监察机关指派、聘请的有专门知识的人，既不是监察机关自身，也不是一般的专家、学者，而应是对案件中的专门性问题有专门知识的人。

其三，鉴定人进行鉴定后，应当出具鉴定意见，并且签名。监察法确立这一规则的目的与确立勘验检查规则一样，在于保证鉴定意见之后作为证据使用的有效性和证明力。

（六）技术调查、通缉与限制出境

1. 技术调查

监察机关调查涉嫌重大贪污贿赂等职务犯罪，根据需要，经过严格的批准手续，可以采取技术调查措施，按照规定交有关机关执行。批准决定应当明确采取技术调查措施的种类和适用对象，自签发之日起三个月以内有效；对于复杂、疑难案件，期限届满仍有必要继续采取技术调查措施的，经过批准，有效期可以延长，每次不得超过三个月。对于不需要继续采取技术调查措施的，应当及时解除。

监察法赋予监察机关的这一权限、手段，但又因为其严重涉及监察对象的人权和其他合法权益，故在授权的同时，规定了下述严格的控权规则：

其一，采取技术调查措施的对象仅限于涉嫌重大贪污贿赂等职务犯罪的被调查人，而不适用于一般职务违法或一般职务犯罪的人。

其二，采取技术调查措施必须“根据需要”，符合比例原则，不是必须采取时不得采取。

其三，采取技术调查措施必须经过严格的批准手续，批准决定应当明确采取技术调查措施的种类和适用对象。

其四，批准采取技术调查措施的决定自签发之日起三个月以内有效；对于复杂、疑难案件，期限届满仍有必要继续采取技术调查措施的，经过批准，有效期可以延长，但每次不得超过三个月。对于不需要继续采取技术调查措施的，应当及时解除。

其五，监察机关决定采取技术调查措施，应按照规定交有关机关执行。这种“按照规定交有关机关执行”的规则也是对监察机关行使这种权限、运用这种手段的一种制约。

2. 通缉

对于依法应当留置的被调查人在逃的，监察机关可以决定在本行政区域内通缉，由公安机关发布通缉令，追捕归案。通缉范围超出本行政区域的，应当报请有权决定的上级监察机关决定。

监察法对于监察机关运用通缉权限和手段，确立了三项规则：其一，被调查人在逃。同时对于在逃的被调查人，只有实施通缉，才能将其追捕归案。否则，其有可能逍遥法外，使监察机关难于查明其可能实施的违法行为或犯罪行为，从而使其违法行为或犯罪行为得不到追究、惩治。

其二，通缉由监察机关决定，由公安机关发布通缉令和实施追捕。之所以由公安机关发布通缉令和实施追捕，是因为公安机关具有通缉和追捕的网络、条件和经验，在刑事侦查中，根据刑事诉讼法，[①] 通缉就是由公安机关实施的。监察法第四条第三款规定，监察机关在工作中需要协助的，有关机关和单位应当根据监察机关的要求依法予以协助。公安机关根据监察机关的要求发布通缉令和实施追捕即是对监察机关工作的一种协助。

其三，监察机关只能决定在本行政区域内实施通缉，通缉范围如果超出本行政区域的，应当报请有权决定的上级监察机关决定。

3. 限制出境

监察机关为防止被调查人及相关人员逃匿境外，经省级以上监察机关批准，可以对被调查人及相关人员采取限制出境措施，由公安机关依法执行。对于不需要继续采取限制出境措施的，应当及时解除。

监察法对监察机关实施限制出境这一权限确立了下述四项规则：其一，限制出境的对象是有可能逃匿境外的被调查人及相关人员，即实施这一权限，采用这一手段的目的是防止被调查人及相关人员逃匿境外。所谓“相关人员”可以是被调查人的配偶、子女或其他直系亲属，也可能是与被调查人所涉案件的关系人，如被调查人的秘书、司机、情人或行贿人等。

其二，限制出境应经省级以上监察机关批准，以保证

① 参见刑事诉讼法第一百五十三条。

采取这一措施的慎重。

其三，限制出境经监察机关决定，由公安机关依法执行。

其四，监察机关对于不需要继续采取限制出境措施的，应当及时解除。

二、相关制度

监察法在规定监察机关的上述十五项监察权限时，同时确立了下述四项与之有关的制度。

（一）认罪认罚从宽处罚制度

监察法第三十一条规定："涉嫌职务犯罪的被调查人主动认罪认罚，有下列情形之一的，监察机关经领导人员集体研究，并报上一级监察机关批准，可以在移送人民检察院时提出从宽处罚的建议：（一）自动投案，真诚悔罪悔过的；（二）积极配合调查工作，如实供述监察机关还未掌握的违法犯罪行为的；（三）积极退赃，减少损失的；（四）具有重大立功表现或者案件涉及国家重大利益等情形的。"

这一制度不是直接关于"调查取证"的，而是一项关于"处置"的建议权——在将涉嫌职务犯罪的被调查人案件移送人民检察院提起公诉时，建议对被调查人从宽处罚。监察机关向人民检察院提出这一建议需要符合下述三项条件：其一，涉嫌职务犯罪的被调查人有主动认罪认罚的情节；其二，该被调查人还需具有下述四种情形之一：（1）自动投案、真诚悔罪悔过的；（2）积极配合调查工作、如实供述监察机关还未掌握的违法犯罪行为的；（3）积极退赃、减少损失的；（4）具有重大立功表现或者案件涉及国家重大利益等情形的；其三，经监察机关领导人员集体研究，并报上一级监察机关批准。之所以规定这一程序，是保证这一建议权能得到慎重运用，防止被个别监察人员或个别负责人滥用。

（二）立功从宽处罚制度

职务违法犯罪的涉案人员揭发有关被调查人职务违法犯罪行为，查证属实的，或者提供重要线索，有助于调查其他案件的，监察机关经领导人员集体研究，并报上一级监察机关批准，可以在移送人民检察院时提出从宽处罚的建议。

这一制度是对前一制度关于监察机关建议权适用对象及其情形的一项补充：适用对象是职务违法犯罪的涉案人员。“涉案人员”非仅指涉嫌职务犯罪的被调查人，还包括其他涉嫌共同犯罪的人。适用情形有二：一是其揭发有关被调查人职务违法犯罪行为，且查证属实。二是其提供重要线索，有助于调查其他案件。监察机关运用这一建议权如同前条规定一样，需经监察机关领导人员集体研究，并报上一级监察机关批准。

（三）非法证据排除制度

监察机关依法收集的物证、书证、证人证言、被调查人供述和辩解、视听资料、电子数据等证据材料，在刑事诉讼中可以作为证据使用。监察机关在收集、固定、审查、运用证据时，应当与刑事审判关于证据的要求和标准相一致。以非法方法收集的证据应当依法予以排除，不得作为案件处置的依据。

本项制度有三项重要内容：一是监察证据的范围和在刑事诉讼中的使用；二是监察证据的要求和标准；三是非法证据排除规则。

关于监察证据的范围，监察法列举了物证、书证、证人证言、被调查人供述和辩解、视听资料、电子数据等项。这与刑事诉讼法关于证据种类的规定基本一致。刑事诉讼法规定的证据种类为下述八种："（一）物证；（二）书证；（三）证人证言；（四）被害人陈述；（五）犯罪嫌疑人、被告人供述和辩解；（六）鉴定意见；（七）勘验、检查、辨认、侦查实验等笔录；（八）视听资料、电子数据。"刑事诉讼法规定，所有这些种类的证据，均必须经过查证属实，才能作为定案的根据。监察证据同样必须经过查证属实，才能在刑事诉讼中使用。

关于监察证据的要求和标准，监察法第三十三条规定，监察机关在收集、固定、审查、运用证据时，应当与刑事审判关于证据的要求和标准相一致。刑事诉讼法对证据的要求和标准主要有下述规定：其一，审判人员、检察人员、侦查人员必须依照法定程序，收集能够证实犯罪嫌疑人、被告人有罪或者无罪、犯罪情节轻重的各种证据。严禁刑讯逼供和以威胁、引诱、欺骗以及其他非法方法收集证据，不得强迫任何人证实自己有罪。必须保证一切与案件有关或者了解案情的公民，有客观地、充分地提供证据的条件，除特殊情况外，可以吸收他们协助调查。其二，人民法院、人民检察院和公安机关有权向有关单位和个人收集、调取证据。有关单位和个人应当如实提供证据。行政机关在行政执法和查办案件过程中收集的物证、书证、视听资料、电子数据等证据材料，在刑事诉讼中可以作为证据使用。对涉及国家秘密、商业秘密、个人隐私的证据，应当保密。凡是伪造证据、隐匿证据或者毁灭证据的，无论属于何方，必须受法律追究。其三，对一切案件的判处都要重证据，重调查研究，不轻信口供。只有被告人供述，没有其他证据的，不能认定被告人有罪和处以刑罚；没有被告人供述，证据确实、充分的，可以认定被告人有罪和处以刑罚。证据确实、充分，应当符合以下条件：（1）定罪量刑的事实都有证据证明；（2）据以定案的证据均经法定程序查证属实；（3）综合全案证据，对所认定事实已排除合理怀疑。①

---

①　参见刑事诉讼法第五十条至第五十三条。

关于非法证据排除规则，刑事诉讼法的下述规定应该在监察中参照适用，一定程度上也应该同样作为监察的证据规则，至少监察人员应该知晓这些规则：其一，对于采用刑讯逼供等非法方法收集的犯罪嫌疑人、被告人供述和采用暴力、威胁等非法方法收集的证人证言、被害人陈述，应当予以排除。收集物证、书证不符合法定程序，可能严重影响司法公正的，应当予以补正或者作出合理解释；不能补正或者作出合理解释的，对该证据应当予以排除。在侦查、审查起诉、审判时发现有应当排除的证据的，应当依法予以排除，不得作为起诉意见、起诉决定和判决的依据。其二，人民检察院接到报案、控告、举报或者发现侦查人员以非法方法收集证据的，应当进行调查核实。对于确有以非法方法收集证据情形的，应当提出纠正意见；构成犯罪的，依法追究刑事责任。其三，法庭审理过程中，审判人员认为可能存在刑事诉讼法第五十四条规定的以非法方法收集证据情形的，应当对证据收集的合法性进行法庭调查。当事人及其辩护人、诉讼代理人有权申请人民法院对以非法方法收集的证据依法予以排除。申请排除以非法方法收集的证据的，应当提供相关线索或者材料。其四，在对证据收集的合法性进行法庭调查的过程中，人民检察院应当对证据收集的合法性加以证明。现有证据材料不能证明证据收集的合法性的，人民检察院可以提请人民法院通知有关侦查人员或者其他人员出庭说明情况；人民法院可以通知有关侦查人员或者其他人员出庭说明情况。有关侦查人员或者其他人员也可以要求出庭说明情况。经人民法院通知，有关人员应当出庭。其五，对于经过法庭审理，确认或者不能排除存在刑事诉讼法第五十四条规定的以非法方法收集证据情形的，对有关证据应当予以排除。其六，证人证言必须在法庭上经过公诉人、被害人和被告人、辩护人双方质证并且查实以后，才能作为定案的根据。法庭查明证人有意作伪证或者隐匿罪证的时候，应当依法处理。其七，凡是知道案件情况的人，都有作证的义务。生理上、精神上有缺陷或者年幼，不能辨别是非、不能正确表达的人，不能作证人。其八，人民法院、人民检察院和公安机关应当保障证人及其近亲属的安全。对证人及其近亲属进行威胁、侮辱、殴打或者打击报复，构成犯罪的，依法追究刑事责任；尚不够刑事处罚的，依法给予治安管理处罚。[①]

（四）职务犯罪问题线索移送制度

人民法院、人民检察院、公安机关、审计机关等国家机关在工作中发现公职人员涉嫌贪污贿赂、失职渎职等职务违法或者职务犯罪的问题线索，应当移送监察机关，由监察机关依法调查处置。被调查人既涉嫌严重职务违法或者职务犯罪，又涉嫌其他违法犯罪的，一般应当由监察机

① 参见刑事诉讼法第五十四条至第六十一条。

关为主调查，其他机关予以协助。

这一制度是基于宪法关于监察机关的性质定位和监察法第三条关于监察机关功能作用的规定而确立的：各级监察委员会是行使国家监察职能的专责机关。正因为监察机关是对所有行使公权力的公职人员进行监察的“专责机关”，所以，人民法院、人民检察院、公安机关、审计机关等国家机关在工作中发现公职人员涉嫌贪污贿赂、失职渎职等职务违法或者职务犯罪的问题线索，都应当移送监察机关，由监察机关依法调查处置。也正因为监察机关是对所有行使公权力的公职人员进行监察的“专责机关”，所以，被调查人既涉嫌严重职务违法或者职务犯罪，又涉嫌其他违法犯罪的，一般应当由监察机关为主调查，其他机关予以协助。当然，这里用的是“一般”，而不是“一律”，故不排除在某些特定情况下，被调查人涉嫌某一其他特定严重刑事犯罪，其职务违法或者职务犯罪只是轻微和附带的，也可能由公安机关、检察机关或国家安全机关为主侦查，监察机关予以协助。

第五章　监察工作的程序法治保障

一、程序法治在监察工作中的重要地位和意义

监察法以专章（第五章）共15个条款规定监察程序，约占该法全部篇幅（69条）的22%。如果加上该法其他章节（特别是第四章“监察权限”）中一并规定程序性内容的另外23个条款，则约占该法全部总篇幅的55%，由此可见，程序法治在监察工作中占有非同一般的重要地位。立法者在规范监察机关的职责、权限和履行职责、行使职权的行为时，为什么这么重视程序法治的设计呢？笔者认为，其主要原因有三：

其一，程序法治是保障监察机关有效行使职责权限，实现反腐败目标任务的重要机制。例如监察法第三十五条规定，监察机关对于报案或者举报，应当接受并按照有关规定处理。对于不属于本机关管辖的，应当移送主管机关处理。这一规定即是防止监察机关及其工作人员不作为的保障之一：有报案举报，监察机关就应接受，如果报案、举报的事实成立，监察机关就应立案，启动监察案件办理

程序的第一道流程。如果案件不属于本机关管辖，则应当移送主管机关处理，而不能将报案、举报者拒之门外，或虽接收报案、举报材料，但束之高阁而不予处理。又如监察法第三十六条规定，监察机关应当严格按照程序开展工作，建立问题线索处置、调查、审理各部门相互协调、相互制约的工作机制。监察机关应当加强对调查、处置工作全过程的监督管理，设立相应的工作部门履行线索管理、监督检查、督促办理、统计分析等管理协调职能。这一规定首先强调严格按照程序开展工作，不能拖延耽搁；各部门要相互协调，不能相互扯皮，影响效率。其次这一规定要求建立监督检查机制，及时发现和处理不作为或乱作为的问题。

其二，程序法治是防止监察机关及其工作人员滥用职权，保证依法监察的重要机制。例如监察法第四十三条规定，监察机关采取留置措施，应当由监察机关领导人员集体研究决定。设区的市级以下监察机关采取留置措施，应当报上一级监察机关批准。省级监察机关采取留置措施，应当报国家监察委员会备案。留置时间不得超过三个月。在特殊情况下，可以延长一次，延长时间不得超过三个月。省级以下监察机关采取留置措施的，延长留置时间应当报上一级监察机关批准。监察机关发现采取留置措施不当的，应当及时解除。这一规则确定的留置批准、备案程序、留置时限、时限延长批准程序，以及对不当留置的及时解除要求，对于防止监察机关及其工作人员滥用留置权，保证留置措施的依法实施的意义和作用是显而易见的。又如监察法第四十一条规定，调查人员采取讯问、询问、留置、搜查、调取、查封、扣押、勘验检查等调查措施，均应当依照规定出示证件，出具书面通知，由二人以上进行，形成笔录、报告等书面材料，并由相关人员签名、盖章。调查人员进行讯问以及搜查、查封、扣押等重要取证工作，应当对全过程进行录音录像，留存备查。这一规则确定的通知、笔录、签名、盖章等程序，以及全程录音录像等程序对于防止监察机关及其工作人员滥用讯问、询问、搜查、调取、查封、扣押、勘验检查权，保证这些调查措施依法实施的意义和作用同样是显而易见的。

其三，程序法治是保障作为监察对象的公职人员及其相关人员（如行贿人、共同犯罪人）的人权，保护他们及其家属或涉案单位（如行贿人所在企业）的合法权益的重要机制。例如监察法第四十四条规定，对被调查人采取留置措施后，应当在二十四小时以内，通知被留置人员所在单位和家属，但有可能毁灭、伪造证据，干扰证人作证或者串供等有碍调查情形的除外。有碍调查的情形消失后，应当立即通知被留置人员所在单位和家属。监察机关应当保障被留置人员的饮食、休息和安全，提供医疗服务。讯问被留置人员应当合理安排讯问时间和时长，讯问笔录由被讯问人阅看后签名。这一程序规则为被留置人及其家属设定了多项权利保障，首先是知情权：留置后二十四小时内通知家属，即使发生有碍调查的情形，在相应情形消失后，应当立即通知家属；其次是健康权：保障饮食和提供医疗服务；再次是安全权和免受刑讯逼供或变相刑讯逼供权：保障被调查人员安全，不得在深夜讯问，不得超长时间讯问等。又如监察法第二十五条规定："……采取调取、查封、扣押措施，应当……会同持有人或者保管人、见证人，当面逐一拍照、登记、编号，开列清单，由在场人员当场核对、签名，并将清单副本交财物、文件的持有人或者保管人。对调取、查封、扣押的财物、文件，监察机关应当设立专用账户、专门场所，确定专门人员妥善保管，严格履行交接、调取手续，定期对账核实，不得毁损或者用于其他目的。对价值不明物品应当及时鉴定，专门封存保管。查封、扣押的财物、文件经查明与案件无关的，应当在查明后三日内解除查封、扣押，予以退还。"（第二十三条第二款对于冻结亦有同样规定："冻结的财产经查明与案件无关的，应当在查明后三日内解除冻结，予以退还"）。

这一程序规则对于保护被调查人及涉案单位的财产权极为重要。以往执法部门和司法机关采取查封、扣押、冻结措施时，就曾发生过将被调查人及涉案单位财物丢失、毁损、被用于其他目的的情形，或者被无限期地采取查封、扣押、冻结措施，即使被查封、扣押、冻结的财物、财产经查明与案件无关，也不予解除查封、扣押、冻结和予以退还，以至于使相应企业长期停产停业，无法运作，最后导致其破产倒闭。这一程序规则就是为了避免这些情形而创设的。

二、监察工作的程序法治的主要规范和内容

监察法中的程序规范主要集中在监察法第五章。除了第五章以外，监察法的某些其他章节也或多或少地载有某些特定的，与相应章节内容密切联系的程序规范，如第一章“总则”第四条关于监察机关与审判机关、检察机关、执法部门互相配合、互相制约和有关机关、单位应当根据监察机关的要求依法给予协助的规定；第三章“监察范围和管辖”中第十六条和第十七条关于监察管辖划分和监察机关之间管辖争议解决机制的规定；第四章“监察权限”中除第十八条和第二十一条以外的几乎所有条款均是关于相应权限行使有关程序规则的规定；第六章“反腐败国际合作”中第五十二条关于国家监察委员会组织、协调国际追逃追赃防逃工作有关程序的规定；第七章“对监察机关和监察人员的监督”中第五十七条至第六十条关于有关监督程序和监察人员回避及避免利益冲突程序的规定等。

本书由于篇幅限制，不可能讨论所有这些程序规范，只选择以下五个程序法治规范进行解读：

（一）监察机关与审判机关、检察机关、执法部门互相配合、互相制约程序

监察法第四条第二款规定这一程序法治规则有三层含义：一是这一原则适用的范围限于“办理职务违法和职务犯罪案件”而不及于一般违纪案件。二是互相配合，互相制约的主体包括审判机关、检察机关和执法部门而不限于人民法院、人民检察院等司法机关。这里的“执法部门”多指公安机关但又不限于公安机关，有时还会涉及国家安全机关、工商、海关、税务等执法部门。三是互相配合，互相制约必须二者兼顾，不能只讲配合不讲制约，也不能只讲制约不讲配合，配合和制约的目的都是为了全面、正确和有效实现国家设置监察制度的目的：深入推进反腐败和廉政建设，真正把权力（包括监督对象的权力和监督者本身的权力）关进制度的笼子里。

（二）调查取证程序

监察法第四十条规定了监察机关调查取证的基本程序法治规则：监察机关对职务违法和职务犯罪案件，应当进行调查，收集被调查人有无违法犯罪以及情节轻重的证据，查明违法犯罪事实，形成相互印证、完整稳定的证据链。严禁以威胁、引诱、欺骗及其他非法方式收集证据，严禁侮辱、打骂、虐待、体罚或者变相体罚被调查人和涉案人员。这一规则可概括为三个方面的要求：

其一，调查取证的内容主要有二：一是被调查人有无违法犯罪的证据。尽管对被调查人有无违法犯罪已经过初步核实程序，但初步核实程序毕竟是初步的，其尚无充分确凿的证据支持，因此完全可能存在认定错误的可能性，故在调查取证阶段既要收集被调查人有违法犯罪的证据，也要收集被调查人无违法犯罪的证据，这种无违法犯罪的证据有可能推翻初步核实阶段的结论。二是收集被调查人违法犯罪情节轻重的证据。收集被调查人违法犯罪情节轻重的证据是在已有初步证据证明被调查人已实施了违法犯罪行为的基础上进行的。如已有证据证明被调查人未实施违法犯罪行为，自然就没有必要再去收集被调查人违法犯罪情节轻重的证据，因为这种证据是实际不存在的。

其二，调查取证的任务是查明违法犯罪事实，形成相互印证、完整稳定的证据链。监察涉及对公职人员的处置，涉及其切身权益，必须十分慎重。因此处理任何一个公职人员，都必须重事实、重证据，都必须事实清楚，证据确凿，各种证据应该形成相互印证、完整稳定的证据链，从而把案件办成“铁案”。

其三，严格防止和避免以任何方式制造和形成虚假证据。为此，本条规定，严禁调查人员在调查取证过程中以威胁、引诱、欺骗及其他非法方式收集证据，严禁侮辱、打骂、虐待、体罚或者变相体罚被调查人和涉案人员。虽然法律明确规定了法院在审判过程中排除非法证据的规则，但是法律构建阻止调查、侦查过程中制造和形成非法证据的机制更为重要，这个机制是防止和避免冤假错案的更为重要的屏障。

（三）讯问、询问、搜查、调取、查封、扣押、勘验检查程序

监察法第二十三、二十四、二十五条和四十一条共四条规定了监察机关讯问、询问、留置（留置程序将在下面单独解说，本处暂按下不说）、搜查、调取、查封、扣押、勘验检查的基本程序法治规则。其中第四十一条规定，调查人员采取讯问、询问、留置、搜查、调取、查封、扣押、勘验检查等调查措施，均应当依照规定出示证件，出具书面通知，由二人以上进行，形成笔录、报告等书面材料，并由相关人员签名、盖章。调查人员进行讯问以及搜查、查封、扣押等重要取证工作，应当对全过程进行录音录像，留存备查。本条程序规则共包括三项内容：其一，向被调查人出具书面通知，使其事前知道调查人员身份，知道调查人员将在何时采取何种措施，以便其配合调查。如果被调查人完全不知道采取前来讯问、询问、留置、搜查、调取、查封、扣押、勘验检查的人是什么人，其就不知道是否应予配合。其二，采取这些措施，应由二人以上进行，形成笔录、报告等书面材料，并由相关人员签名、盖章。否则，通过这些措施获取的证据材料在今后案件处置、审

理过程中在其真实性、合法性这方面可能发生争议，被调查人如提出质疑，就可能影响案件的正确和及时处理、裁决。其三，调查人员进行讯问以及搜查、查封、扣押等重要取证工作，应当对全过程进行录音录像，留存备查。本条确定这一法定程序规则，与作出前项程序规则一样，是为了保证通过讯问、搜查、查封、扣押等重要取证工作获取的证据材料具有最大限度的真实性和合法性，能作为案件最后处理的有效证据。

监察法第二十三、二十四、二十五条关于查询、冻结、搜查、调取、查封、扣押的程序规则是作为监察权限的附带性规则规定的。其中第二十三条规定，监察机关调查涉嫌贪污贿赂、失职渎职等严重职务违法或者职务犯罪，根据工作需要，可以依照规定查询、冻结涉案单位和个人的存款、汇款、债券、股票、基金份额等财产。有关单位和个人应当配合。冻结的财产经查明与案件无关的，应当在查明后三日内解除冻结，予以退还。本条规定共包括四项内容：其一，查询和冻结适用的对象是涉嫌贪污贿赂、失职渎职等严重职务违法或者职务犯罪的涉案单位和个人；其二，查询和冻结适用的范围包括存款、汇款、债券、股票、基金份额等财产；其三，查询和冻结适用的条件是“根据工作需要”和“依照规定”，所谓“根据工作需要”，主要是指根据案件调查的需要和今后作出处置决定和执行处置决定的需要；所谓“依照规定”主要是指依照法律、法规有关查询、冻结的程序的规定；其四，冻结的财产经查明与案件无关的，应当在查明后三日内解除冻结，予以退还。本条作出这一规定主要是为了保障财产被冻结的当事人的合法权益。防止监察机关过度采取冻结措施给当事人财产造成不应有的损失。在以往的实践中，有的监察机关或某些其他执法机关往往在查明被冻结财产与案件无关后，仍然迟迟不解除冻结和予以退还，导致当事人财产重大损失，甚至导致企业破产，正是有鉴于这些教训，本法作了此项规定。

监察法第二十四条规定，监察机关可以对涉嫌职务犯罪的被调查人以及可能隐藏被调查人或者犯罪证据的人的身体、物品、住处和其他有关地方进行搜查。在搜查时，应当出示搜查证，并有被搜查人或者其家属等见证人在场。搜查女性的身体，应当由女性工作人员进行。监察机关进行搜查时，可以根据工作需要提请公安机关配合。公安机关应当依法予以协助。本条在赋予监察机关搜查权的同时，对这一权限的行使也设定了多项重要限制性规则：其一，搜查的对象限于涉嫌职务犯罪的被调查人以及可能隐藏被调查人或者犯罪证据的人，监察机关不能对一般职务违法的人和没有可能隐藏被调查人或者犯罪证据的人的身体、物品、住处和其他有关地方进行搜查。其二，搜查应当出示搜查证，并有被搜查人或者其家属等见证人在场。这是法律对搜查程序的规定，搜查除了遵循此项程序的规定外还须遵循本法第四十一条的规定：依照规定出示证件，出具书面通知，由二人以上进行，形成笔录、报告等书面材料，并由相关人员签名、盖章。此外，调查人员进行搜查等重要取证工作，应当对全过程进行录音录像，留存备查。其三，搜查女性的身体，应当由女性工作人员进行。这一规定源于刑事诉讼法第一百三十七条的规定，体现了宪法关于尊重和保障人权的原则精神。其四，监察机关进行搜查时，可以根据工作需要提请公安机关配合。公安机关应当依法予以协助。公安机关对监察机关进行搜查依法予以协助，实际上不仅是对监察机关行使这一权限、运用搜查手段的配合，而且也是对监察机关行使这一权限、运用搜查手段的制约，有利于防止监察机关对这一权限的滥用。

监察法第二十五条规定，监察机关在调查过程中，可以调取、查封、扣押用以证明被调查人涉嫌违法犯罪的财物、文件和电子数据等信息。采取调取、查封、扣押措施，应当收集原物原件，会同持有人或者保管人、见证人，当面逐一拍照、登记、编号，开列清单，由在场人员当场核对、签名，并将清单副本交财物、文件的持有人或者保管人。对调取、查封、扣押的财物、文件，监察机关应当设立专用账户、专门场所，确定专门人员妥善保管，严格履行交接、调取手续，定期对账核实，不得毁损或者用于其他目的。对价值不明物品应当及时鉴定，专门封存保管。查封、扣押的财物、文件经查明与案件无关的，应当在查明后三日内解除查封、扣押，予以退还。本条在赋予监察机关调取、查封和扣押权的同时，对监察机关行使这三项权限亦设定了若干限制性规则：其一，调取、查封、扣押的对象应是用以证明被调查人涉嫌违法犯罪的财物、文件和电子数据等信息。如果相应财物、文件和电子数据等信息与证明被调查人涉嫌违法犯罪无关，则不应调取、查封或扣押。其二，采取调取、查封、扣押措施，应当收集原物原件，会同持有人或者保管人、见证人，当面逐一拍照、登记、编号，开列清单，由在场人员当场核对、签名，并将清单副本交财物、文件的持有人或者保管人。确定这一规则的目的是为了保证被调取、查封、扣押的财物、文件和电子数据等信息作为证据的真实性和合法性。其三，对调取、查封、扣押的财物、文件，监察机关应当设立专用账户、专门场所，确定专门人员妥善保管，严格履行交接、调取手续，定期对账核实，不得毁损或者用于其他目的。对价值不明物品应当及时鉴定，专门封存保管。确定这一规则的目的是为了保证被调取、查封、扣押的财物、文件和电子数据等信息的安全，防止丢失或毁损。其四，查封、扣押的财物、文件经查明与案件无关的，应当在查明后三日内解除查封、扣押，予以退还。确定这一规则的目的主要在于保障财产被查封、扣押的当事人的合法权益。防止监察机关滥用查封、扣押权给当事人财产或其他权益造成不应有的损失。

（四）留置程序

留置较严重地影响被调查人的人身权，故监察法通过第二十二条、第四十三条和第四十四条对之设定了严格的限制性规则。其中，第二十二条规定的限制性规则包括：其一，留置适用的对象限于“涉嫌贪污贿赂、失职渎职等严重职务违法或者职务犯罪，监察机关已经掌握其部分违法犯罪事实及证据，仍有重要问题需要进一步调查”的被调查人。其二，这些被调查人还必须具有下列四种情形之一：涉及案情重大、复杂的；可能逃跑、自杀的；可能串供或者伪造、隐匿、毁灭证据的；可能有其他妨碍调查行为的。其三，对被调查人适用留置须经监察机关依法审批，监察法第四十三条详细规定了留置审批的严格程序。其四，本条款还对留置场所的设置、管理和监督作了原则规定：依照国家有关规定执行。本条虽然没有规定具体的留置场所，但对留置场所的设置、管理和监督予以了限制，必须依照国家有关规定执行，而不能任意设置、任意管理和疏于监督。目前，国家关于留置场所的设置、管理和监督的统一规定尚未出台。根据实践中的做法，留置场所现在多是设置在由公安机关负责管理的、有严格安全保障和严格法制规范的、羁押依法被逮捕、刑事拘留的人员的看守所。

监察法第四十三条进一步规定，监察机关采取留置措施，应当由监察机关领导人员集体研究决定。设区的市级以下监察机关采取留置措施，应当报上一级监察机关批准。省级监察机关采取留置措施，应当报国家监察委员会备案。留置时间不得超过三个月。在特殊情况下，可以延长一次，延长时间不得超过三个月。省级以下监察机关采取留置措施的，延长留置时间应当报上一级监察机关批准。监察机关发现采取留置措施不当的，应当及时解除。监察机关采取留置措施，可以根据工作需要提请公安机关配合。公安机关应当依法予以协助。本条款和下面第四十四条均是专门规范关于监察机关采取留置措施的正当法律程序规则。由于留置措施涉及对被调查人人身自由的限制，需要特别慎重，故此用两条规定了下述七项规则（第四十三条规定的五项和第四十四条规定的两项）：其一，采取留置措施，应当由监察机关领导人员集体研究决定，而不能由调查人员决定，也不能由监察机关的某一个或某几个领导人员决定。其二，设区的市级以下监察机关采取留置措施，应当报上一级监察机关批准。省级监察机关采取留置措施，应当报国家监察委员会备案。这一报批、报备程序的目的在于保证采取留置措施慎重，防止草率和滥用。其三，留置时间不得超过三个月。在特殊情况下，可以延长一次，延长时间不得超过三个月。省级以下监察机关采取留置措施的，延长留置时间应当报上一级监察机关批准。其四，监察机关发现采取留置措施不当的，应当及时解除，本条作出这一规定，是对被调查人权益的进一步保护，避免监察机关发现留置不当后再继续留置而侵权。其五，监察机关采取留置措施，可以根据工作需要提请公安机关配合。公安机关应当依法予以协助。这里的“公安机关配合”主要是指公安机关为留置提供场所（公安机关管理的看守所）和对留置人员的代为看管。公安机关管理的看守所有特别适合于留置被调查人的条件，有利于保障被留置人员的饮食、休息、安全和提供医疗服务。

监察法第四十四条进一步补充完善了第四十三条的程序规则：对被调查人采取留置措施后，应当在二十四小时以内，通知被留置人员所在单位和家属，但有可能毁灭、伪造证据，干扰证人作证或者串供等有碍调查情形的除外。有碍调查的情形消失后，应当立即通知被留置人员所在单位和家属。监察机关应当保障被留置人员的饮食、休息和安全，提供医疗服务。讯问被留置人员应当合理安排讯问时间和时长，讯问笔录由被讯问人阅看后签名。这是继前面第四十三条规定的五项程序规则后进一步规定的另两项程序规则：其一，对被调查人采取留置措施后，应当在二十四小时以内，通知被留置人员所在单位和家属，但有可能毁灭、伪造证据，干扰证人作证或者串供等有碍调查情形的除外。有碍调查的情形消失后，应当立即通知被留置人员所在单位和家属。这一规则有三层含意：一是对被调查人采取留置措施后，应当在二十四小时以内，通知被留置人员所在单位和家属。二是对“通知被留置人员所在单位和家属”确定了若干例外：有可能毁灭、伪造证据，干扰证人作证或者串供等有碍调查的情形。三是明确导致例外的情形消失后，应当恢复正常程序，立即通知被留置人员所在单位和家属。其二，监察机关应当保障被留置人员的饮食、休息和安全，提供医疗服务。讯问被留置人员应当合理安排讯问时间和时长，讯问笔录由被讯问人阅看后签名。这一规则较好对体现了被留置人员的人权保障，涉及其饮食、休息、安全，提供医疗服务等各个方面。另外，本条规则还要求“讯问被留置人员应当合理安排讯问时间和时长”，所谓“合理时间”，主要指不得在深更半夜讯问；所谓“合理时长”，主要指不得“疲劳讯问”，一次连续讯问五六或七八个小时。

（五）监察对象申请复审、复核程序

监察法第四十九条规定了监察对象不服监察决定的两种救济途径：申请复审和申请复核。关于第一种救济途径，本条规定，监察对象对监察机关作出的涉及本人的处理决定不服的，可以在收到处理决定之日起一个月内，向作出决定的监察机关申请复审，复审机关应当在一个月内作出复审决定；关于第二种救济途径，本条规定，监察对象对复审决定仍不服的，可以在收到复审决定之日起一个月内，向上一级监察机关申请复核，复核机关应当在二个月内作出复核决定。

此外，本条还规定了监察机关在复审、复核期间和之后如何对待和处置原处理决定的方式：其一，在复审、复核期间，不停止原处理决定的执行。其二，复审、复核机关经审查，认定处理决定有错误的，处理机关应当及时予以纠正。本条虽然只规定了复核机关经审查，认定处理决定有错误的，原处理机关应当及时予以纠正，但是这同样应该适用于复审机关。如复审机关就是原处理机关（作出复审决定的监察人员与作出处理决定的监察人员应该不同。根据自然正义和正当法律程序的要求，任何人都不应做自己案件的法官，因此，作出处理决定的监察人员不应该承担复审自己处理决定的职责，监察机关内部应有合理的职能分工），其在复审中发现本机关自己作出的原处理决定是错误的，自然应当及时予以纠正，否则，复审程序就没有意义，监察对象就没有必要申请复审。

监察法所设计的程序法治内容远不止上述五项。但仅就上述五项程序法制度而言，就充分体现了我国监察法严格规范监察权行使和保障监察对象人权及其他合法权益的立法目的。

第六章　反腐败国际合作

腐败是世界各国普遍存在的问题，构建反腐败国际合作机制有利于深入开展反腐败国际合作和追逃追赃工作，遏制腐败分子外逃。监察法中规定了国家监察委员会开展反腐败国际交流、合作（如引渡、司法协助、被判刑人移管、资产追回、国际追逃追赃和防逃等领域的合作）的规则。

一、反腐败国际合作的主体和对象

关于主管反腐败国际合作的主体，监察法确定为国家监察委员会，明确该项事务由国家监察委员会主管，地方监察委员会可能要参与这项事务的某些工作，但是主管机关是国家监察委员会，地方监察委员会只能根据国家监察委员会的指令、指示开展某些工作，而不能自行决定开展这方面的国际合作活动。

关于反腐败国际合作的对象，监察法规定了三种对象：其他国家、地区和国际组织。这也就是说，在反腐败领域，国家监察委员会既可与其他国家合作，也可与不属于主权国家的地区合作，还可与相关国际组织（如世卫组织、国际民航组织、国际海事组织、国际货币基金组织、欧盟、非盟、东盟等）合作。

关于反腐败国际合作的主要内容，监察法规定为“统筹协调与其他国家、地区、国际组织开展的反腐败国际交流、合作，组织反腐败国际条约实施工作”。这里的“交流”，主要指反腐败相关对策、制度、措施、方法及相应经验的交流；这里的“合作”，主要指监察法第六章第五十一条、第五十二条所列举领域、项目的合作。这里所谓“组织反腐败国际条约实施工作”的统筹协调属于广义的反腐败国际合作的范畴。许多具体的反腐败国际合作就是依据反腐败国际条约的有关条款实施的。

二、反腐败国际合作的内容和形式

监察法第五十一条列举规定了反腐败国际合作的六项具体内容和形式：

（一）反腐败执法

反腐败执法的“执法”主要指各国、各地区、各国际组织的反腐败机构执自己所在国家、所在地区、所在组织之法；同时也指它们共同执反腐败国际条约之法。无论是哪种情形的反腐败“执法”，都有开展国际合作的必要和可能。

（二）引渡

引渡指一国应他国的请求，把他国逃到本国的犯罪嫌疑人拘捕，押解交回他国，反之亦然。引渡一般在签订有引渡条约的两国间进行。两国间没有签订引渡条约，要进行引渡则非常困难，往往要通过两国间其他国际合作的形式实现引渡。

（三）司法协助

司法协助是指不同国家之间，根据自己国家缔结或者参加的国际条约或互惠原则，彼此之间相互协作，为对方代为一定的诉讼行为（如代为送达诉讼文书，代为调查取证等），或接受外国法院的委托，代为执行外国法院的判决或者外国仲裁机构的裁决。我国民事诉讼法规定，司法协助的根据有两个，一是中华人民共和国缔结或者参加的国际条约。与我国缔结或者参加同一司法协助的国际条约的国家和我国即具有司法协助关系。没有参加条约的国家不能要求别国法院接受其司法委托。二是互惠原则。互惠即相互之间给予对等的优惠待遇。如果某一国家协助我国为一定的司法行为，我国也应当协助该国为相对等的司法行为。[①]

（四）被判刑人的移管

被判刑人的移管是指犯罪人在一国法院判处刑罚，移送他国（通常为被判刑人的国籍国）服刑。这种被判刑人移管一般要根据国与国之间的司法协助条约或协议进行。

---

① 参见民事诉讼法第二十七章。

两国间没有司法协助条约或协议的，移管的要求很难实现。例如《中华人民共和国和塔吉克斯坦共和国关于移管被判刑人的条约》规定，中华人民共和国和塔吉克斯坦共和国在相互尊重主权和平等互利的基础上，为加强两国在刑事司法领域的合作，使被判刑人得以在其国籍国服刑，以有利于被判刑人重返社会。根据本条约的规定，一方可以向另一方移管被判刑人，以便在接收方境内执行移交方对该人所判处的刑罚。

（五）资产追回

资产追回指把犯罪嫌疑人非法转移到境外的违法所得及收益追回，即追回赃款赃物，资产追回与境外追逃（使外逃的犯罪嫌疑人或被告人遣返回国）是反腐败国际司法合作的两大主题。追逃是解决人的问题：将外逃的犯罪嫌疑人或被告人遣返回国，绳之以法；资产追回是解决物的问题：把被非法转移到境外的赃款赃物追回。境外追赃有很多困难，有时比追逃更难。因此，在这方面，要更多地加强国际合作，通过反腐败国际合作，推进追逃、追赃工作的顺利进行。

（六）信息交流

反腐败国际合作的信息交流是多方面的，既包括与各国、各地区、各国际组织之间有关反腐败法治、制度及运作经验方面的信息交流；也包括相互追逃、追赃方面的信息交流。

三、国家监察委员会在反腐败国际合作方面的组织协调和督促职责

监察法第五十二条规定国家监察委员会负责加强对反腐败国际追逃追赃和防逃工作的组织协调，督促有关单位做好以下相关工作：(1) 对于重大贪污贿赂、失职渎职等职务犯罪案件，被调查人逃匿到国（境）外，掌握证据比较确凿的，通过开展境外追逃合作，追捕归案；(2) 向赃款赃物所在国请求查询、冻结、扣押、没收、追缴、返还涉案资产；(3) 查询、监控涉嫌职务犯罪的公职人员及其相关人员进出国（境）和跨境资金流动情况，在调查案件过程中设置防逃程序。

这一规定包括三项内容：其一，明确了负责组织协调、督促反腐败国际追逃追赃和防逃工作的主体是国家监察委员会。

其二，国家监察委员会负责的工作除了前面提及的追逃、追赃外，还有一项防逃的内容。防逃在某种意义上比追逃更重要，因为防逃工作做好了，犯罪人就无法逃匿到国（境）外，之后艰巨的追逃工作就无需做了。

其三，国家监察委员会负责组织协调，督促的此项工作具体包括三项任务：第一，对于重大贪污贿赂、失职渎职等职务犯罪案件，被调查人逃匿到国（境）外，掌握证

据比较确凿的，通过开展境外追逃合作，追捕归案；第二，向赃款赃物所在国请求查询、冻结、扣押、没收、追缴、返还涉案资产；第三，查询、监控涉嫌职务犯罪的公职人员及其相关人员进出国（境）和跨境资金流动情况，在调查案件过程中设置防逃程序。

第七章　对监察机关和监察人员的监督

监察法第七章规定了对各级监察机关和监察人员监督的主体、形式和相应程序规则，包括人大及其常委会的监督、民主监督、社会监督、舆论监督和内部专门监督的方式、规则，以及法律对监察人员的有关要求（如清廉、保密、不说情干预、依法回避等）和被调查人及其近亲属对监察机关及其工作人员违法行为的申诉等。

一、人大及其常委会的监督

人大及其常委会是各级监察委员会最主要和最重要的监督主体。2018 年 3 月 11 日第十三届全国人大一次会议通过的宪法修正案明确规定，监察机关由人民代表大会产生，对它负责，受它监督。① 全国人大常委会监督国家监察委员会的工作；县级以上地方各级人大常委会监督本级监察委员会的工作。② 我国除人大以外的所有各类各级国家机关，均由人大产生，对人大负责，接受人大监督。这

① 参见宪法修正案（2018 年）第三十七条。

② 参见宪法修正案（2018 年）第四十四条和第五十条。

一点是由我国实行人民代表大会制度所决定的。至于人大及其常委会如何监督监察委员会的工作，监察法主要规定了以下三种监督方式：

（一）听取和审议本级监察委员会的专项工作报告

监察法第五十三条规定，各级人大常委会听取和审议本级监察委员会的专项工作报告。听取和审议专项工作报告是各级人大常委会监督的主要方式。《中华人民共和国各级人民代表大会常务委员会监督法》（以下简称《监督法》）第二章用专章规定了这种监督方式。其主要内容包括：(1) 各级人大常委会每年选择若干关系改革发展稳定大局和群众切身利益、社会普遍关注的重大问题，有计划地安排听取和审议“一府两院”（今后则应为“一府一委两院”：本级人民政府、监察委员会、人民法院和人民检察院）的专项工作报告。人大常委会听取和审议专项工作报告的年度计划，经委员长会议或者主任会议通过，印发常务委员会组成人员并向社会公布。(2) 人大常务委员会听取和审议专项工作报告的议题，根据下列途径反映的问题确定：其一，本级人大常委会在执法检查中发现的突出问题；其二，本级人大代表对“一府两院”（今后则应为“一府一委两院”）工作提出的建议、批评和意见集中反映的问题；其三，本级人大常委会组成人员提出的比较集中的问题；其四，本级人大专门委员会、人大常委会工作机构在调查研究中发现的突出问题；其五，人民来信来访集中反映的问题；其六，社会普遍关注的其他问题。“一府两院”（今后则应为“一府一委两院”）可以向本级人大常委会要求报告专项工作。（3）常委会听取和审议专项工作报告前，委员长会议或者主任会议可以组织本级人大常委会组成人员和本级人大代表，对有关工作进行视察或者专题调查研究；常委会可以安排参加视察或者专题调查研究的代表列席常委会会议，听取专项工作报告，提出意见。（4）人大常委会听取和审议专项工作报告前，常委会办事机构应当将各方面对该项工作的意见汇总，交由本级“一府两院”（今后则应为“一府一委两院”）研究并在专项工作报告中作出回应。（5）“一府两院”（今后则应为“一府一委两院”）应当在人大常委会举行会议的二十日前，由其办事机构将专项工作报告送交本级人大有关专门委员会或者常委会有关工作机构征求意见；“一府两院”（今后则应为“一府一委两院”）对报告修改后，在人大常委会举行会议的十日前送交人大常委会。人大常委会办事机构应当在人大常委会举行会议的七日前，将专项工作报告发给人大常委会组成人员。（6）专项工作报告由“一府两院”（今后则应为“一府一委两院”）的负责人向本级人大常委会报告，人民政府也可以委托有关部门负责人向本级人大常委会报告。（7）人大常委会组成人员对专项工作报告的审议意见交由本级“一府两院”（今后则应为“一府一委两院”）研究处理。“一府两院”（今后则应为“一府一委两院”）应当将研究处理情况由其办事机构送交本级人大有关专门委员会或者人大常委会有关工作机构征求意见后，向人大常委会提出书面报告。人大常委会认为必要时，可以对专项工作报告作出决议；本级“一府两院”（今后则应为“一府一委两院”）应当在决议规定的期限内，将执行决议的情况向人大常务委员会报告。常委会听取的专项工作报告及审议意见，“一府两院”（今后则应为“一府一委两院”）对审议意见研究处理情况或者执行决议情况的报告，向本级人大代表通报并向社会公布。[①]

（二）组织执法检查

人大常委会对监察机关监督的第二种方式是组织执法检查。关于执法检查，《监督法》第四章对之作了下述规定：（1）各级人大常委会每年选择若干关系改革发展稳定大局和群众切身利益、社会普遍关注的重大问题，有计划地对有关法律、法规实施情况组织执法检查。（2）人大常委会年度执法检查计划，经委员长会议或者主任会议通过，印发常委会组成人员并向社会公布。常委会执法检查工作由本级人大有关专门委员会或者常委会有关工作机构具体组织实施。（3）常委会根据年度执法检查计划，按照精

① 参见各级人民代表大会常务委员会监督法第八条至第十四条。

干、效能的原则，组织执法检查组。执法检查组的组成人员，从本级人大常委会组成人员以及本级人大有关专门委员会组成人员中确定，并可以邀请本级人大代表参加。（4）全国人大常委会和省、自治区、直辖市的人大常委会根据需要，可以委托下一级人大常委会对有关法律、法规在本行政区域内的实施情况进行检查。受委托的人大常委会应当将检查情况书面报送上一级人大常委会。（5）执法检查结束后，执法检查组应当及时提出执法检查报告，由委员长会议或者主任会议决定提请常务委员会审议。执法检查报告包括下列内容：其一，对所检查的法律、法规实施情况进行评价，提出执法中存在的问题和改进执法工作的建议；其二，对有关法律、法规提出修改完善的建议。（6）常委会组成人员对执法检查报告的审议意见连同执法检查报告，一并交由本级“一府两院”（今后则应为“一府一委两院”）研究处理。“一府两院”（今后则应为“一府一委两院”）应当将研究处理情况由其办事机构送交本级人大有关专门委员会或者人大常委会有关工作机构征求意见后，向人大常委会提出报告。必要时，由委员长会议或者主任会议决定提请常委会审议，或者由人大常委会组织跟踪检查；人大常委会也可以委托本级人大有关专门委员会或者人大常委会有关工作机构组织跟踪检查。人大常委会的执法检查报告及审议意见，“一府两院”（今后则应为“一府一委两院”）对其研究处理情况的报告，向本级人大代表通报并向社会公布。[①]

（三）提出询问或者质询

县级以上各级人民代表大会及其常务委员会举行会议时，人民代表大会代表或者常务委员会组成人员可以依照法律规定的程序，就监察工作中的有关问题提出询问或者质询。关于询问和质询，《监督法》第六章对之作了下述规定：（1）各级人大常务委员会会议审议议案和有关报告时，本级人民政府及其部门和“两院”（今后则应为“一委两院”）应当派有关负责人员到会，听取意见，回答询问。（2）全国人大常委会组成人员十人以上联名，省、自治区、直辖市、自治州、设区的市人大常委会组成人员五人以上联名，县级人大常委会组成人员三人以上联名，可以向人大常委会书面提出对本级人民政府及其部门和“两院”（今后则为“一委两院”）的质询案。质询案应当写明质询对象、质询的问题和内容。（3）质询案由委员长会议或者主任会议决定交由受质询的机关答复。委员长会议或者主任会议可以决定由受质询机关在人大常委会会议上或者有关专门委员会会议上口头答复，或者由受质询机关书面答复。在专门委员会会议上答复的，提质询案的人大常

① 参见各级人民代表大会常务委员会监督法第二十二条至第二十七条。

委会组成人员有权列席会议，发表意见。委员长会议或者主任会议认为必要时，可以将答复质询案的情况报告印发常委会会议。(4) 提质询案的人大常委会组成人员的过半数对受质询机关的答复不满意的，可以提出要求，经委员长会议或者主任会议决定，由受质询机关再作答复。(5) 质询案以口头答复的，由受质询机关的负责人到会答复。质询案以书面答复的，由受质询机关的负责人签署。[①]

人大常委会对监察机关的监督除了上述三种主要方式外，《监督法》还规定了下述三种方式：

一是对规范性文件的备案审查。《监督法》对规范性文件备案审查的规定有下述三项：(1) 行政法规、地方性法规、自治条例和单行条例、规章的备案、审查和撤销，依照立法法的有关规定办理。(2) 县级以上地方各级人大常委会审查、撤销本级人民政府（今后则包括监察委员会）发布的不适当的决定、命令的程序，由省、自治区、直辖市的人民代表大会常务委员会参照立法法的有关规定，作出具体规定。(3) 县级以上地方各级人大常委会对本级人民政府（今后则包括监察委员会）发布的决定、命令，经审查，认为有下列不适当的情形之一的，有权予以撤销：其一，超越法定权限，限制或者剥夺公民、法人和其他组

① 参见各级人民代表大会常务委员会监督法第三十四条至第三十八条。

织的合法权利，或者增加公民、法人和其他组织的义务的；其二，同法律、法规规定相抵触的；其三，有其他不适当的情形，应当予以撤销的。[①]

二是对特定问题调查。《监督法》关于特定问题调查的规定有下述五项：（1）各级人大常委会对属于其职权范围内的事项，需要作出决议、决定，但有关重大事实不清的，可以组织关于特定问题的调查委员会。（2）委员长会议或者主任会议可以向本级人大常委会提议组织关于特定问题的调查委员会，提请常委会审议。五分之一以上人大常委会组成人员书面联名，可以向本级人大常委会提议组织关于特定问题的调查委员会，由委员长会议或者主任会议决定提请人大常委会审议，或者先交有关的专门委员会审议、提出报告，再决定提请人大常委会审议。（3）调查委员会由主任委员、副主任委员和委员组成，由委员长会议或者主任会议在本级人大常委会组成人员和本级人大代表中提名，提请常委会审议通过。调查委员会可以聘请有关专家参加调查工作。与调查的问题有利害关系的常委会组成人员和其他人员不得参加调查委员会。（4）调查委员会进行调查时，有关的国家机关、社会团体、企业事业组织和公民都有义务向其提供必要的材料。提供材料的公民

---

① 参见各级人民代表大会常务委员会监督法第二十八条至第三十条。

要求对材料来源保密的，调查委员会应当予以保密。调查委员会在调查过程中，可以不公布调查的情况和材料。（5）调查委员会应当向产生它的常委会提出调查报告。常委会根据报告，可以作出相应的决议、决定。[①]

三是对撤职案的审议和决定。《监督法》关于撤职案审议和决定的规定有下述三项：（1）县级以上地方各级人大常委会在本级人大闭会期间，可以决定撤销本级人民政府个别副省长、自治区副主席、副市长、副州长、副县长、副区长的职务；可以撤销由它任命的本级人民政府其他组成人员和人民法院副院长、庭长、副庭长、审判委员会委员、审判员，人民检察院副检察长、检察委员会委员、检察员，中级人民法院院长，人民检察院分院检察长（今后则应包括监察委员会副主任、委员）的职务。（2）县级以上地方各级“一府两院”（今后则应为“一府一委两院”）可以向本级人大常委会提出对前列国家机关工作人员的撤职案。县级以上地方各级人大常委会主任会议，可以向人大常务委员会提出对前列国家机关工作人员的撤职案。县级以上地方各级人大常委会五分之一以上的组成人员书面联名，可以向人大常委会提出对前列国家机关工作人员的撤职案，由主任会议决定是否提请人大常委会会议审议；

① 参见各级人民代表大会常务委员会监督法第三十九条至第四十三条。

或者由主任会议提议，经全体会议决定，组织调查委员会，由以后的人大常委会会议根据调查委员会的报告审议决定。(3) 撤职案应当写明撤职的对象和理由，并提供有关的材料。撤职案在提请表决前，被提出撤职的人员有权在人大常委会会议上提出申辩意见，或者书面提出申辩意见，由主任会议决定印发人大常委会会议。撤职案的表决采用无记名投票的方式，由人大常委会全体组成人员的过半数通过。[①]

二、民主监督、社会监督、舆论监督和被调查人及其近亲属的申诉监督

监察法第五十四条规定，监察机关应当依法公开监察工作信息，接受民主监督、社会监督、舆论监督。这一规定非常简略，没有具体内容。关于监察信息公开，国家监察委员会今后将制定发布相应规定。在国家监察委员会制定发布相应规定之前，监察信息公开可以参照国务院发布的政府信息公开条例和党中央发布的《中国共产党党务公开条例（试行）》的有关规定运作。

关于民主监督、社会监督和舆论监督的内容，三者既有联系，亦有区别。民主监督主要指人大、政协的监督；社会监督主要指社会组织、团体、民主党派和公民、法人

---

① 参见各级人民代表大会常务委员会监督法第四十四条至第四十六条。

和其他组织的监督；舆论监督主要指报纸、杂志、广播、电视、互联网等各种媒体的监督。这些监督有很多交叉，例如，人民群众的监督既可以是社会监督，也可以认为是民主监督，同时还可以认为是一种舆论监督。总之，监察法这一规定旨在确定对监察机关及其工作人员监督的全覆盖。监察机关对所有公职人员的监察应该是全覆盖，国家和社会对监察机关及其工作人员的监督也应该是全覆盖，即通过各种监督主体的各种形式、途径对其行使职权、履行职责的行为进行监督。

关于被调查人及其近亲属的申诉监督，监察法第六十条规定，监察机关及其工作人员有下列行为之一的，被调查人及其近亲属有权向该机关申诉：（一）留置法定期限届满，不予以解除的；（二）查封、扣押、冻结与案件无关的财物的；（三）应当解除查封、扣押、冻结措施而不解除的；（四）贪污、挪用、私分、调换以及违反规定使用查封、扣押、冻结的财物的；（五）其他违反法律法规、侵害被调查人合法权益的行为。受理申诉的监察机关应当在受理申诉之日起一个月内作出处理决定。申诉人对处理决定不服的，可以在收到处理决定之日起一个月内向上一级监察机关申请复查，上一级监察机关应当在收到复查申请之日起二个月内作出处理决定，情况属实的，及时予以纠正。

这一条既是关于对监察机关和监察人员监督的规定，也是对被调查人及其近亲属权利救济的规定。本条监督的对象是监察机关及其工作人员，救济的对象是被调查人及其近亲属。监督和救济的方式及途径是申诉和申请复查。受理申诉的主体是作出被申诉行为的监察机关，受理复查申请的主体是上一级监察机关。本条确定的可申诉的行为为下述五种情形：

（一）留置法定期限届满，不予以解除的

监察法第四十三条规定，留置时间不得超过三个月。在特殊情况下，也只可延长一次，且延长亦不得超过三个月。如果三个月期限届满，没有确定延长或延长没有被上一级监察机关批准，或者虽然依法延长了三个月，但六个月期限届满，尚未予以解除的，即属此种情形。

（二）查封、扣押、冻结与案件无关的财物的

根据监察法第二十三条的规定，冻结只适用于调查涉嫌贪污贿赂、失职渎职等严重职务违法或者职务犯罪需要冻结的财产；根据监察法第二十五条的规定，查封、扣押只适用于调查过程中用以证明被调查人涉嫌违法犯罪的财物。查封、扣押、冻结的财产、财物，如果超出这个范围，即属此种情形。

（三）应当解除查封、扣押、冻结措施而不解除的

监察法第二十三条和第二十五条规定，查封、扣押、

冻结的财物经查明与案件无关的，应当在查明后三日内解除查封、扣押、冻结，并予以退还。如经查明与案件无关三日后仍不解除查封、扣押、冻结并予以退还，即属此种情形。

（四）贪污、挪用、私分、调换以及违反规定使用查封、扣押、冻结的财物的

贪污、挪用、私分查封、扣押、冻结的财物属于犯罪性质的行为。调换以及违反规定使用查封、扣押、冻结的财物虽然不一定具有犯罪的性质，但无疑属于违法行为，这种行为因与被调查人及其近亲属权利有关，故监察法将之列入其申诉的情形之一。

（五）其他违反法律法规、侵害被调查人合法权益的行为

这项规定是为了防止上述列举的情形有遗漏，故设此兜底条款。

为了更好地保障被调查人及其近亲属申诉权的实现，监察法还规定了监察机关处理申诉和复查申请的期限：受理申诉的监察机关应当在受理申诉之日起一个月内作出处理决定。申诉人对处理决定不服的，可以在收到处理决定之日起一个月内向上一级监察机关申请复查，上一级监察机关应当在收到复查申请之日起二个月内作出处理决定，情况属实的，应及时予以纠正。

三、内部专门监督

监察法第五十五条规定，监察机关通过设立内部专门的监督机构等方式，加强对监察人员执行职务和遵守法律情况的监督，建设忠诚、干净、担当的监察队伍。监察法在规定外部监督的基础上同时规定监察机关的内部监督，这是很有必要性和重要意义的。监察机关内部监督的方式和途径不是唯一的而是多样化的，如监察法第三十六条规定的监察机关内部各部门建立的相互协调、相互制约的工作机制、第五十五条规定的在监察机关内部设立专门的监督机构对监察人员执行职务和遵守法律情况进行监督的机制，以及监察法其他条文规定的监察机关行使职权、履行职责的程序规范和程序制约机制。在国家监察委员会建立之前，中央纪律检查委员会就曾设立专门的内部监督机构对纪检人员执行职务和遵守法律情况进行监督。实践证明这种做法是必要和有成效的，故 2018 年制定监察法继续沿袭和确立这一制度，以为建设忠诚、干净、担当的监察队伍提供制度保障。

四、监察人员的自律与回避

监察法第五十六条对监察人员提出了特别的自律要求：监察人员必须模范遵守宪法和法律，忠于职守、秉公执法，清正廉洁、保守秘密；必须具有良好的政治素质，熟悉监察业务，具备运用法律、法规、政策和调查取证等能力，自觉接受监督。

监察人员属于公务员，必须遵守和履行公务员法规定的公务员义务，但是监察人员又不是一般的公务员，而是负有对一般公务员进行监察的法定职责的公务员，因此，必须遵守和履行监察法专门为监察人员规定的义务。公务员法规定的公务员义务共有九项：（1）模范遵守宪法和法律；（2）按照规定的权限和程序认真履行职责，努力提高工作效率；（3）全心全意为人民服务，接受人民监督；（4）维护国家的安全、荣誉和利益；（5）忠于职守，勤勉尽责，服从和执行上级依法作出的决定和命令；（6）保守国家秘密和工作秘密；（7）遵守纪律，恪守职业道德，模范遵守社会公德；（8）清正廉洁，公道正派；（9）法律规定的其他义务。监察法专门为监察人员规定的义务共有五项：（1）模范遵守宪法和法律；（2）忠于职守；（3）秉公执法；（4）清正廉洁；（5）保守秘密。这些义务与公务员的义务大多是重合的，但是监察法对监察人员的要求更高，要求其模范遵守和履行这些义务。

关于监察人员的素质要求。监察法第五十六条主要规定了下述四项要求：（1）必须具有良好的政治素质。这对监察人员是最重要的要求，没有良好的、过硬的政治素养，是不可能做好监察工作的。“打铁还需自身硬”，要监察别人，自己必须政治过硬、思想过硬、品质过硬。（2）熟悉监察业务。这是监察人员做好监察工作的基础。要搞好监察工作，必须全面掌握有关监察的知识、理论、技能，成为监察的行家里手。(3）具备运用法律、法规、政策和调查取证等能力。做好监察工作，不仅要求全面掌握相应知识和理论，更要求全面培养、训练和提高工作能力，特别是培养、训练和提高运用法律、法规、政策办案的能力、调查取证的能力。（4）自觉接受监督。律人者必先律己，监督他人者，自己必须接受监督。这是现代法治的要求，也是中国特色监察制度对监察人员的素质要求。

关于监察人员的自律，监察法有特别要求："对于监察人员打听案情、过问案件、说情干预的，办理监察事项的监察人员应当及时报告。有关情况应当登记备案。发现办理监察事项的监察人员未经批准接触被调查人、涉案人员及其特定关系人，或者存在交往情形的，知情人应当及时报告。有关情况应当登记备案。"

监察法第五十七条的这一规定是为保障监察机关依法办案、独立办案、公正办案而特别确立的规则。这项规则有两项内容：一是针对非办理相应监察事项的监察人员的；一是针对办理相应监察事项的监察人员的。对于前者，既然不是相应监察事项的办案人，就不应该打听案情、过问案件，更不应说情干预。如果其不守规矩，非法打听案情、过问案件、说情干预，办理监察事项的监察人员自然应当及时报告，并将有关情况登记备案。否则，二者均违纪违法，均要承担法律责任。对于后者，作为相应监察事项的办案人，为保证办案公正，法律规定其未经批准不得接触被调查人、涉案人员及其特定关系人，不得与之交往。否则，即要承担法律责任。此外，对于发现办理监察事项的监察人员未经批准接触被调查人、涉案人员及其特定关系人，或者存在交往情形的知情人，有义务和责任及时报告。并将有关情况登记备案。否则，其亦应承担相应法律责任。

监察法对监察人员的自律要求不仅及于其在职在岗期间内，而且及于其离岗离职后："监察机关涉密人员离岗离职后，应当遵守脱密期管理规定，严格履行保密义务，不得泄露相关秘密。监察人员辞职、退休三年内，不得从事与监察和司法工作相关联且可能发生利益冲突的职业。"

监察法第五十九条的这一规定确立了监察机关涉密人员的特别保密义务和辞职、退休的监察人员避免利益冲突规则。保密义务是所有公务员（包括监察人员）的法定义务。但是对于监察机关涉密人员来说，其具有比一般公务员、一般监察人员更严格的保密义务。《中华人民共和国保守国家秘密法》规定，涉密人员离岗离职实行脱密期管理。涉密人员在脱密期内，应当按照规定履行保密义务，不得违反规定就业，不得以任何方式泄露国家秘密。[①] 监

① 参见保守国家秘密法第三十八条。

察法的这一规定正是保守国家保密法的要求。

避免利益冲突规则是《中华人民共和国公务员法》确立的规则。该法规定，公务员辞去公职或者退休的，原系领导成员的公务员在离职三年内，其他公务员在离职两年内，不得到与原工作业务直接相关的企业或者其他营利性组织任职，不得从事与原工作业务直接相关的营利性活动。[①] 监察法第五十九条第二款关于“监察人员辞职、退休三年内，不得从事与监察和司法工作相关联且可能发生利益冲突的职业”的规定，是与公务员法确立的避免利益冲突规则的精神一致的。

关于监察人员的回避，监察法第五十八条规定：“办理监察事项的监察人员有下列情形之一的，应当自行回避，监察对象、检举人及其他有关人员也有权要求其回避：（一）是监察对象或者检举人的近亲属的；（二）担任过本案的证人的；（三）本人或者其近亲属与办理的监察事项有利害关系的；（四）有可能影响监察事项公正处理的其他情形的。”

监察法的这一规定确立了监察回避制度，明确了回避的主体、回避的种类和法定回避情形。回避的主体是具有法定回避情形的办理监察事项的监察人员。回避主体具备三个要件：一是监察人员，而非监察机关的一般工作人员；

① 参见公务员法第一百零二条。

二是办理相应监察事项的监察人员，而非办理相应监察事项的其他监察人员；三是具有法定回避情形的办理相应监察事项的监察人员，而非只要有人要求办案人员回避，办案人员就必须回避。

监察工作中的回避种类有二：一是主动回避，即具有法定回避情形的办理相应监察事项的监察人员自行主动回避；二是应申请回避，即监察对象、检举人及其他有关人员申请（要求）具有法定回避情形的办理相应监察事项的监察人员回避。

监察工作中的回避情形有四：（1）相应监察人员是监察对象或者检举人的近亲属的。所谓“近亲属”，一般包括配偶、父母、子女、兄弟姐妹、祖父母、外祖父母、孙子女、外孙子女。（2）担任过本案的证人的。（3）本人或者其近亲属与办理的监察事项有利害关系的。（4）有可能影响监察事项公正处理的其他情形的。所谓“其他情形”，即前三种情形以外的，有证据能证明办理相应监察事项的监察人员有可能不能公正办理相应监察事项的情形，如该监察人员曾经说过某些话或做过某些事表明其不可能公正办理相应监察事项、该监察人员是监察对象或者检举人多年前的生意伙伴或密友，等等。

第八章 监察法律关系中的法律责任

监察法设专章规定了监察法律关系中各种主体违反监察法行为的法律责任。其中主要包括监察所涉及的有关单位的违法行为（如不执行监察决定等行为）和有关人员的违法行为（如不配合调查、伪造证据等行为）的法律责任；监察对象有关违法行为（如报复陷害等行为）与控告人、检举人、证人有关违法行为（如诬告陷害等行为）的法律责任，以及监察机关及其工作人员违法行为的法律责任。

一、有关单位的责任

根据监察法第六十二条，有关单位的法律责任为：“有关单位拒不执行监察机关作出的处理决定，或者无正当理由拒不采纳监察建议的，由其主管部门、上级机关责令改正，对单位给予通报批评；对负有责任的领导人员和直接责任人员依法给予处理。”

监察法设定的这一法律责任的对象是“拒不执行监察机关作出的处理决定，或者无正当理由拒不采纳监察建议”的有关单位；追究责任的主体是作为相应法律责任对象的“有关单位”的主管部门和上级机关；责任形式是通报批评（适用于单位）和依法给予处理（适用于对负有责任的领导人员和直接责任人员）。这里的“依法给予处理”主要指依法给予政务处分（警告、记过、记大过、撤职、降职、开除）[①] 或者依法问责（通报、诫勉、停职检查、调整职务、责令辞职、降职、免职、纪律处分等）。[②]

法条所称“拒不执行监察机关作出的处理决定，或者无正当理由拒不采纳监察建议”中的“处理决定”和“监察建议”，主要指监察机关依监察法第四十五条所作出的下述决定和建议：(1) 对有职务违法行为但情节较轻的公职人员作出的委托有关机关、人员进行谈话提醒、批评教育、责令检查，或者予以诫勉的决定。(2) 对违法的公职人员作出的警告、记过、记大过、降级、撤职、开除等政务处分的决定。(3) 对不履行或者不正确履行职责负有责任的领导人员作出的问责决定，或者向有权作出问责决定的机关提出的问责建议。(4) 对监察对象所在单位廉政建设和履行职责存在的问题等提出的监察建议。

二、有关人员的责任

监察法第六十三条设定了对有关人员的法律责任：

---

① 参见公务员法中关于行政处分的规定。

② 参见《中国共产党问责条例》有关问责形式的规定。

“有关人员违反本法规定，有下列行为之一的，由其所在单位、主管部门、上级机关或者监察机关责令改正，依法给予处理：（一）不按要求提供有关材料，拒绝、阻碍调查措施实施等拒不配合监察机关调查的；（二）提供虚假情况，掩盖事实真相的；（三）串供或者伪造、隐匿、毁灭证据的；（四）阻止他人揭发检举、提供证据的；（五）其他违反本法规定的行为，情节严重的。”

监察法设定的这一法律责任的对象是不配合监察机关实施调查，具有法定违法情形的“有关人员”；追究责任的主体是“有关人员”的所在单位、主管部门、上级机关或者监察机关；责任形式是依法给予处理。这里的“依法给予处理”主要指依法给予政务处分（警告、记过、记大过、撤职、降职、开除）。

监察法设定的这一法律责任所适用的违法行为的情形有下述五种：(1) 不按要求提供有关材料，拒绝、阻碍调查措施实施等拒不配合监察机关调查的。这里的“不按要求提供”，既可能是拒绝提供，也可能是不按监察机关关于材料的内容、种类、形式的要求提供，或者不按监察机关要求提供材料的时间提供，故意拖延提供等；这里的“拒绝、阻碍调查措施实施”，包括拒绝、阻碍监察机关进行询问、查询、冻结、搜查、调取、查封、扣押、勘验检查、鉴定等各种措施中的一种或几种。（2）提供虚假情况，掩盖事实真相的。这虽然不同于前种情形——拒绝提供，但其提供的情况是虚假的，是试图掩盖事实真相。（3）串供或者伪造、隐匿、毁灭证据的。这包括四种情况：一是相互串供，共同向监察机关说假话，提供虚假情况；二是伪造证据；三是隐匿证据；四是毁灭证据。（4）阻止他人揭发检举、提供证据的。“阻止”的手段可能是多种多样的，如威胁、利诱、逼迫等。（5）其他违反本法规定的行为，情节严重的。

三、监察对象和控告人、检举人、证人的责任

监察法第六十四条设定了对监察对象和控告人、检举人、证人的法律责任：“监察对象对控告人、检举人、证人或者监察人员进行报复陷害的；控告人、检举人、证人捏造事实诬告陷害监察对象的，依法给予处理。”

监察法设定的这一法律责任的对象包括两类人员：一类是监察对象；一类是控告人、检举人、证人。导致第一类人员——监察对象的法律责任的情形是：对控告人、检举人、证人或者监察人员进行报复陷害。因为控告人、检举人控告、检举了他们的违法、犯罪行为；证人提供了他们违法、犯罪的证据；监察人员对他们的违法、犯罪行为进行调查、处置，他们中有些人即怀恨在心，寻找机会对之报复陷害。他们因为是公职人员，有的还手握大权，故往往利用手中的权力对控告人、检举人、证人或者监察人

员进行报复陷害。

导致第二类人员——控告人、检举人、证人的法律责任的情形是：捏造事实诬告陷害监察对象。这类人员之所以实施捏造事实诬告陷害的行为，往往是因为他们与监察对象有私人仇恨，为了报私仇即对监察对象诬告陷害。当然，这类人员实施诬告陷害行为也有可能是被他人收买或在威逼利诱之下受他人指使所为。如果是这种情况，不仅实施诬告陷害行为的控告人、检举人、证人要承担法律责任，指使控告人、检举人、证人实施诬告陷害行为的人同样要承担法律责任。

监察法规定的对这两类责任对象的责任形式是“依法给予处理”。这里的“依法给予处理”包括依法给予政务处分（警告、记过、记大过、撤职、降职、开除）和依法追究刑事责任（刑法第二百四十三条规定了诬告陷害罪的刑事责任：有期徒刑、拘役或者管制）。

四、监察机关及其工作人员的责任

监察法第六十五条设定了对监察机关及其工作人员的法律责任：“监察机关及其工作人员有下列行为之一的，对负有责任的领导人员和直接责任人员依法给予处理：（一）未经批准、授权处置问题线索，发现重大案情隐瞒不报，或者私自留存、处理涉案材料的；（二）利用职权或者职务上的影响干预调查工作、以案谋私的；（三）违法窃取、泄露调查工作信息，或者泄露举报事项、举报受理情况以及举报人信息的；（四）对被调查人或者涉案人员逼供、诱供，或者侮辱、打骂、虐待、体罚或者变相体罚的；（五）违反规定处置查封、扣押、冻结的财物的；（六）违反规定发生办案安全事故，或者发生安全事故后隐瞒不报、报告失实、处置不当的；（七）违反规定采取留置措施的；（八）违反规定限制他人出境，或者不按规定解除出境限制的；（九）其他滥用职权、玩忽职守、徇私舞弊的行为。”

监察法设定的这一法律责任的对象是监察机关及其工作人员，以及对监察机关及其工作人员违法行为负有责任的领导人员和直接责任人员。责任形式是“依法给予处理”，这里的所谓“依法给予处理”主要是指根据公务员法和其他有关法律、行政法规及党内法规，对违法的监察人员给予政务处分（警告、记过、记大过、撤职、降职、开除等）；对负有责任的领导人员的最主要的责任形式是问责（通报、诫勉、停职检查、调整职务、责令辞职、降职、免职、纪律处分等）。

导致上述法律责任的监察机关及其工作人员违法行为的情形共有九项：

（一）未经批准、授权处置问题线索，发现重大案情隐瞒不报，或者私自留存、处理涉案材料。这里的所谓

“问题线索”，一般是指监察机关在查办案件中，有关涉案人交代、检举、揭发的被调查人以外的其他监察对象违法犯罪问题线索，以及被调查人交代、检举、揭发的其他监察对象不涉及本案的违法犯罪问题线索等。对于这些“问题线索”，任何监察人员未经批准、授权，均不得任意处置，更不得发现重大案情隐瞒不报，或者私自留存，对涉案材料自行处理。否则，即要承担相应法律责任。

（二）利用职权或者职务上的影响干预调查工作、以案谋私。此种情形违法的主体既可能是相应案件的调查、办案人员，也可能是监察机关的非办理相应案件的其他监察人员，还可能是监察机关的领导人员。

（三）违法窃取、泄露调查工作信息，或者泄露举报事项、举报受理情况以及举报人信息。在这种情形中，违法窃取调查工作信息肯定是故意所为，应负更严重的法律责任；而泄露调查工作信息，或者泄露举报事项、举报受理情况以及举报人信息则可能是故意所为，也可能是过失所为。但无论是故意所为，还是过失所为，都应依法为此承担法律责任。

（四）对被调查人或者涉案人员逼供、诱供，或者侮辱、打骂、虐待、体罚或者变相体罚。这种情形是法律严厉禁止的违法行为，监察法第四十条对此也有明确的禁止性规定，因此，对此种行为应依法严格追究法律责任。

（五）违反规定处置查封、扣押、冻结的财物。对于调取、查封、扣押证明被调查人涉嫌违法犯罪的财物，监察法第二十五条规定，监察机关应会同持有人或者保管人、见证人，当面逐一拍照、登记、编号，开列清单，由在场人员当场核对、签名，并将清单副本交财物、文件的持有人或者保管人。对调取、查封、扣押的财物、文件，监察机关应当设立专用账户、专门场所，确定专门人员妥善保管，严格履行交接、调取手续，定期对账核实，不得毁损或者用于其他目的。对价值不明物品应当及时鉴定，专门封存保管。对查封、扣押的财物、文件，经查明与案件无关的，应当在查明后三日内解除查封、扣押，予以退还。监察法第二十三条规定，对冻结的财产，监察机关经查明与案件无关的，应当在查明后三日内解除冻结，予以退还。监察机关如果违反上述规定处置查封、扣押、冻结的财物、财产，即应依法承担法律责任。

（六）违反规定发生办案安全事故，或者发生安全事故后隐瞒不报、报告失实、处置不当。这项违法情形包括四种情况：一是违反规定发生办案安全事故（如导致被调查人死亡、伤残等）；二是发生安全事故后隐瞒不报；三是对所发生的安全事故虽已报告，但报告失实；四是对所发生的安全事故处置不当。监察机关及其工作人员如有此四种情形中的一种或一种以上情形，即应依法承担法律责任。

（七）违反规定采取留置措施。关于采取留置措施的条件、程序和相关规则，监察法第二十二、四十三、四十四条做了详细的规定。如果违反这些规定，即应依法承担法律责任。

（八）违反规定限制他人出境，或者不按规定解除出境限制。监察法第三十条规定了对被调查人采取限制出境和解除出境限制的条件、程序和相关规则，如果违反这些规定，即应依法承担法律责任。

（九）其他滥用职权、玩忽职守、徇私舞弊的行为。这是一项兜底条款。既然称“其他滥用职权、玩忽职守、徇私舞弊的行为”，说明上述八项行为在性质上也是“滥用职权、玩忽职守、徇私舞弊的行为”，但恐列举不全，故以兜底条款补充。这里的“滥用职权”，通常指行为目的不当，权钱交易、权色交易、打击报复，恶意侵犯监察对象的人权或其他合法权益等。这里的“玩忽职守”，通常指行为人不履行职责或不认真履行职责，对工作敷衍塞责，造成国家利益、公共利益或公民（包括监察对象）生命财产的损失。这里的“徇私舞弊”，通常指行为人利用其职责、职权及其便利条件，为自己或者他人（亲戚、朋友或给其行贿的人等）牟取私利，袒护或者帮助违法犯罪的人掩盖违法犯罪事实，以逃避制裁，或者利用职权陷害他人等。

关于监察机关及其工作人员的法律责任，除了监察法第六十五条的规定外，监察法在第七章“对监察机关和监察人员的监督”中还设定了一种情形：对调查工作结束后发现立案依据不充分或者失实，案件处置出现重大失误，监察人员严重违法的，应当追究负有责任的领导人员和直接责任人员的责任（监察法第六十一条）。

监察法第六十五条规定的既是对调查、处置最后结果的监督，也是关于监察人员（负有责任的领导人员和直接责任人员）的法律责任。调查工作结束后，监察机关应对立案依据和案件处置情况进行核查，如发现当初立案依据不充分或者失实，之后案件处置出现重大失误，监察人员有严重违法情形的，应当追究负有责任的领导人员和直接责任人员的责任。至于如何追究责任和追究何种责任，则可参照监察法第六十五条的规定实施。

五、违反监察法的刑事责任

可能构成承担刑事责任的违法行为触及监察法的条款主要有下述情形：

（一）领导干部违反监察法第四条，严重干扰、干涉监察机关依法独立行使监察权，造成严重后果和严重政治影响；监察人员违反监察法第五十七条，违法过问案件，说情干预，造成严重后果和严重政治影响，均可能构成刑法第三百九十七条规定的滥用职权罪。

（二）任何个人违反监察法第十八条，实施了监察法第六十三条的违法行为：提供虚假情况，掩盖事实真相；串供或者伪造、隐匿、毁灭证据；阻止他人揭发检举和提供证据，情节严重，均可能构成刑法第三百零五条和第三百零七条规定的伪证罪、妨害作证罪和毁灭、伪造证据罪。

（三）监察人员违反监察法第二十二至二十五条，违法对被调查人实施留置；违法对涉案单位和个人的存款、汇款、债券、股票、基金份额等财产进行冻结，或经查明冻结的财产与案件无关仍不解除不予退还；违法对被调查人以及怀疑隐藏被调查人或者证据的人的身体、物品、住处等地点进行搜查；违法调取、查封、扣押被调查人或其他人财物、文件、电子数据，或者毁损调取、查封、扣押的物品，或将这些物品用于其他目的，或者经查明这些物品与案件无关仍不解除不予退还，导致严重后果，情节严重，可能构成刑法第三百九十七条规定的滥用职权罪。

（四）监察人员违反监察法第四十条，以威胁、引诱、欺骗及其他非法方式收集证据，对被调查人或者涉案人员侮辱、打骂、虐待、体罚或者变相体罚，如情节严重，导致被调查人或者涉案人员身体伤残或死亡的，可能构成刑法第二百三十四条故意伤害罪或第二百三十三条过失致人死亡罪。今后刑法修改，还可能构成刑法第二百四十七条刑讯逼供罪。因为刑法修改前，刑讯逼供罪只适用于“司法工作人员”。笔者认为，监察人员违反监察法第四十条，以威胁、引诱、欺骗及其他非法方式收集证据，对被调查人或者涉案人员侮辱、打骂、虐待、体罚或者变相体罚，完全符合刑讯逼供罪的特征，今后有必要修改刑法，将监察人员纳入这一犯罪行为的可追究的主体。

（五）监察人员违反监察法第四十三条，对被调查人留置时间超过三个月，或者经批准延长后留置时间超过六个月，情节严重的，可能构成刑法第二百三十八条规定的非法拘禁他人罪。

（六）监察对象实施了监察法第六十四条规定的违法行为，对控告人、检举人、证人或者监察人员进行报复陷害，情节严重，可能构成刑法第二百五十四条规定的报复陷害罪。

（七）控告人、检举人、证人实施了监察法第六十四条规定的违法行为，捏造事实诬告陷害监察对象，情节严重，可能构成刑法第二百四十三条规定的诬告陷害罪。

（八）监察人员实施了监察法第六十五条规定的各种违法行为，情节严重，可能构成刑法第三百九十七条规定的滥用职权罪（如监察法第六十五条第一、二、三、五、七、八项规定的违法行为）、玩忽职守罪（如监察法第六十五条第六项规定的违法行为）、徇私舞弊罪（如监察法第六十五条第一、二项规定的违法行为）和刑法第三百九十八条规定的泄露国家秘密罪（如监察法第六十五条第三项规定的违法行为）等。

六、违反监察法的国家赔偿责任

监察法第六十七条规定，监察机关及其工作人员行使职权，侵犯公民、法人和其他组织的合法权益造成损害的，依法给予国家赔偿。这一条款规定的是监察机关侵权赔偿责任。根据国家赔偿法的规定，国家机关和国家机关工作人员行使职权，侵犯公民、法人和其他组织合法权益，造成损害的，受害人有依法取得国家赔偿的权利，致害国家机关和致害国家工作人员所在的国家机关有依法给予受害人国家赔偿的义务。监察机关既然是国家机关，监察人员既然是国家机关工作人员，监察对象和监察行为所涉单位、个人，既然属于公民、法人和其他组织，那么，监察机关及其工作人员行使职权，侵犯监察对象和监察行为所涉单位、个人的合法权益，造成损害的，当然应依国家赔偿法给予国家赔偿，合法权益受到侵害的监察对象和监察行为所涉单位、个人自然有权依法申请并依法获得国家赔偿。

第九章　监察工作若干具体实务问题解析

监察机关在履行职责的过程中，要处理大量的具体实务问题。对于这些问题，有的监察法对之作出了明确规定；有的监察法并未对之作出具体明确的规定。对于监察法未对之作出具体明确规定的监察实务问题，监察机关可根据其他有关法律、法规，或中共中央纪律检查委员会、国家监察委员会的有关规定，或相应法律原则进行处理。我们这里选择监察工作中六个较常见的具体实务问题，分别对之作若干解析。

一、接受报案、举报及对报案、举报的处理

监察机关对于报案或举报应当严格依照监察法第三十五条规定处理："监察机关对于报案或者举报，应当接受并按照有关规定处理。对于不属于本机关管辖的，应当移送主管机关处理。"如果报案、举报的事实成立，监察机关决定立案，接受报案、举报和对报案、举报的处理就成为监察案件办理程序的第一个流程。监察法第三十五条所谓"按照有关规定处理"中的"有关规定"，目前的主要

包括《中国共产党纪律检查机关案件检查工作条例》及其实施细则，该条例及其实施细则确立的程序规则有的已经吸收到监察法的监察程序规定中，有的虽然没有在法律中直接规定，但在监察机关办案过程中也可予以借鉴，下面我们将该条例及其实施细则中有关接受报案、举报和对报案、举报的处理规则的主要内容归纳摘要如下：

（一）对检举、控告以及发现的问题，依管辖权限受理。

（二）问题受理后，应根据情况决定是否进行初步核实。需初步核实的，应及时派人进行，必要时也可委托下级纪检机关办理。凡认为需进行初步核实的，应填写《初步核实呈批表》；凡委托下级纪检机关进行初步核实的，应当制作《委托初步核实通知书》。受委托的纪检机关应及时办理，并将核实情况报告委托机关。

（三）初步核实的任务是，了解所反映的主要问题是否存在，为立案与否提供依据。初步核实应当尽力收集证据，并抓住主要问题进行，注意保守秘密。

（四）初步核实后，由参与核实的人员写出初步核实情况报告，纪检机关区别不同情况作出处理：

1. 反映问题失实的，应向被反映人所在单位及其党组织说明情况，必要时还应向被反映人说明情况或在一定范围内予以澄清。

2. 对经初步核实，反映问题不实的，纪检机关除应向被反映人所在单位党组织说明情况外，还应注意做好以下工作：其一，在初核过程中如向被反映人作过了解或纪检机关认为有必要的，应向本人说明情况；其二，因反映问题不实而对被反映人造成不良影响的，应采取适当方式在一定范围内予以澄清；其三，发现被反映人在工作中做出显著成绩的，应向有关党组织反映；其四，对检举人因了解情况不全面而错告的，应帮助其总结经验教训；其五，对蓄意诬告、陷害的，应调查处理或建议有关组织严肃追究。

3. 有违纪事实，但情节轻微，不需追究党纪、政务责任的，应建议有关党组织作出恰当处理。对经初步核实，虽有违纪事实，但情节轻微，不需追究党纪责任的，纪检机关应建议有关党组织按照以下办法做出处理：其一，党组织负责人同被反映人谈话，进行批评教育；第二，责成被反映人作出口头或书面检查；其三，召开民主生活会，对被反映人进行批评帮助；其四，纠正被反映人的违纪行为或责令其停止正在实施的违纪行为；其五，对被反映人的工作或职务进行调整；其六，在一定范围内进行通报批评；其七，责成被反映人退出违纪所得。上述处理办法对同一被反映人可以单独使用，也可合并使用。纪检机关对党组织提出建议时，应制作《纪律检查建议书》，送达有关单位或其党组织。对纪检机关的建议，有关党组织如无正当理由，应予采纳，并应将办理结果及时报告或告知提出建议的纪检机关。

4. 确有违纪事实，需要追究党纪责任的，应予立案。

“初步核实情况报告”其内容应包括：被反映人的自然情况、反映的主要问题及初步核实的结果、存在的疑点、处理建议。参与核实的人员须在初核情况报告上签名。

（五）对检举、控告以及发现的党员或党组织的违纪问题，经初步核实，确有违纪事实，并需追究党纪责任的，按照规定的权限和程序办理立案手续。对党员的违纪问题，实行分级立案。

1. 党的中央委员会委员、中央纪律检查委员会委员违犯党纪的问题，由中央纪委报请中央批准立案。

2. 党的中央以下各级委员会、纪律检查委员会常务委员（基层党委、纪委为书记、副书记）违犯党纪的问题，与党委常务委员同职级的党委委员违犯党纪的问题，由上一级纪委决定立案，上一级纪委在决定立案前，应征求同级党委的意见。其他委员违犯党纪的问题，由同级纪委报请同级党委批准立案。

3. 其他党员干部违犯党纪的问题，均按照干部管理权限，由相应的纪委或纪工委、纪检组决定立案，在决定立案前应征求同级党委或党工委、党组的意见。未设立纪委或纪工委、纪检组的，由相应的党委或党工委、党组决定立案。

4. 不是干部的党员违犯党纪的问题，由基层纪委决定立案。未设立纪委的，由基层党委决定立案。

党的关系在地方、干部任免权限在主管部门的党员干部违犯党纪的问题，除另有规定的外，一般由地方纪检机关决定立案。若地方纪检机关认为由部门纪检机关立案更为适宜的，经协商可由部门纪检机关立案；根据规定应由部门纪检机关立案的违纪问题，经协商也可由地方纪检机关立案。对应由地方纪检机关立案的违纪问题，有下列情形之一的，可由部门纪检机关立案：其一，违纪问题涉及几个地方，由一个地方纪检机关立案调查不便的；其二，部门纪检机关已受理并经初步核实的。

（六）对于党组织严重违犯党纪的问题，由上一级纪检机关报请同级党委批准立案，再上一级纪委在征求同级党委意见后也可直接决定立案。对违纪党组织的立案，应由有立案权的党委、纪委常委会议研究决定。属于下级纪检机关立案范围的重大违纪问题，必要时上级纪检机关可直接决定立案。上级纪检机关发现应由下级纪检机关立案的违纪问题，可责成下级纪检机关予以立案。上级纪检机关责成下级纪检机关立案的，必须是上级纪检机关或有关部门经过初步核实，认为符合立案条件的。凡责成立案的，上级纪检机关应制作《责成立案通知书》并附核实材料；有关下级纪检机关应即立案，并将查处结果报告上级纪检机关。

（七）凡需立案的，应写出立案呈批报告，由承办纪检室写出《立案呈批报告》。经批准立案的案件，承办纪检室应填写《立案决定书》，通报同级党委组织部门。并附检举材料和初步核实情况报告，按立案批准权限呈报审批。党员违犯党纪需要立案的，一般由纪委常委会议或纪检组组务会议讨论决定；党委委员、纪委委员违犯党纪需同级党委批准立案的，一般由党委常委会议讨论决定。党委或纪委因常务委员不够常委会议法定人数而无法召开常委会的，可由二名以上常务委员批准立案，但事后应即向其他常务委员通报。

（八）立案审批时限不得超过一个月。立案审批时限，从收到立案呈批报告之日算起，至批准立案之日止。经批准立案的案件，纪检机关应通报同级党委组织部门。党员工作调动后，发现在原单位有违纪问题并需立案调查的，由其现所在单位承办，原单位应予配合。离退休后提高职级待遇的党员，其违纪问题需立案调查的，应按其提高待遇后的干部管理权限办理。

上述规定，有的只适用于纪检机关和纪检对象，有的同时适用于监察机关和监察对象。监察机关在监察工作中可以参考适用这些规定。

二、线索处理

监察机关对监察对象的问题线索，应当按照有关规定提出处置意见，履行审批手续，进行分类办理。线索处置情况应当定期汇总、通报，定期检查、抽查。关于对监察对象问题线索的一般处理程序，监察法规定了大致五个步骤：

（一）监察机关发现监察对象问题线索后，首先由监察机关的线索管理部门按照有关规定（指纪检机关、监察机关制定的有关案件办理的规定）提出处置意见。

（二）线索管理部门将处置意见提交监察机关主管领导履行审批手续。

（三）根据线索内容，对相应线索进行分类，确定所反映的问题是属于违纪嫌疑、一般违法嫌疑还是犯罪嫌疑。根据初步确定的问题性质，交监察机关内设的相应部门处理。

（四）线索管理部门对线索处置情况应定期汇总、向各相关部门通报。

（五）线索管理部门对线索处置部门的处理情况应定期定期检查、抽查。发现问题应及时处置或报告监察机关处置。

由于监察机关是与党的纪检机关合署办公的，因此，纪检机关关于纪检案件线索处理的规则一般也适用于监察机关。二者对有关线索通常会共同确定处理分工和程序。

三、立案办理

经过初步核实，对监察对象涉嫌职务违法犯罪，需要追究法律责任的，监察机关应当按照规定的权限和程序办理立案手续。监察机关主要负责人依法批准立案后，应当主持召开专题会议，研究确定调查方案，决定需要采取的调查措施。立案调查决定应当向被调查人宣布，并通报相关组织。涉嫌严重职务违法或者职务犯罪的，应当通知被调查人家属，并向社会公开发布。

监察法的这一规定是对经过初步核实，认定监察对象涉嫌职务违法犯罪，需要追究法律责任的问题进行处理的立案程序的规定，而非对监察对象一般违纪案件的立案规定。监察对象一般违纪案件的立案适用中共中央纪律检查委员会、国家监察委员会的相关规定。《中国共产党纪律检查机关监督执纪工作规则（试行）》第六章第二十五条至第三十八条对纪检案件的立案审查作出了详细规定（参见本书附录四）。

监察法规定的立案程序包括四项步骤：

（一）监察机关办案部门将案件材料报送监察机关主要负责人，监察机关主要负责人按照规定的权限和程序批准立案。

（二）监察机关主要负责人依法批准立案后，主持召开专题会议，研究确定调查方案，决定需要采取的调查措施。

（三）向被调查人宣布立案调查决定，并将立案调查决定通报相关组织。

（四）对涉嫌严重职务违法或者职务犯罪的案件的立案调查决定，还应通知被调查人家属，并向社会公开发布。

四、讯问规则

监察法很多条款（如第二十条、第四十条、第四十一条、第四十四条等）均对监察机关讯问监察对象的行为进行了规定，为便于对这些分散规定的条款把握和运用，我们将这些条款综合概括为下述五项规则：

（一）对涉嫌贪污贿赂、失职渎职等职务犯罪的被调查人，监察机关可以进行讯问。首先，进行讯问的对象是“涉嫌贪污贿赂、失职渎职等职务犯罪的被调查人”而非“涉嫌职务违法的被调查人”，对于后者，监察法“要求其作出陈述”而非讯问。其次，讯问对象的范围是涉嫌贪污贿赂、失职渎职等“职务犯罪”的被调查人。这里的“职务犯罪”主要是指“贪污贿赂、失职渎职”犯罪，但又不限于此，因为此条文中还使用了“等”，这就说明除“贪污贿赂、失职渎职”外，还可能存在其他“职务犯罪”。此外，监察法对被讯问的被调查人也提出了要求：其应如实供述涉嫌犯罪的情况。被调查人只有如实供述涉嫌犯罪的情况，才有利于监察机关尽快查明案情，正确对被调查人作出处置。同时被调查人也可因“如实供述涉嫌犯罪的情况”这一情节而依法得到从轻处罚。

（二）监察机关对监察对象进行讯问时，严禁采取威胁、引诱、欺骗及其他非法方式，严禁侮辱、打骂、虐待、体罚或者变相体罚被讯问人员。

（三）调查人员讯问监察对象，应当依照规定出示证件，出具书面通知，由二人以上进行，形成笔录、报告等书面材料，并由相关人员签名、盖章。

（四）调查人员讯问监察对象，应当对讯问全过程进行录音录像，留存备查。

（五）监察机关讯问被留置人员，应当合理安排讯问时间和时长，讯问笔录由被讯问人阅看后签名。

五、对监督、调查结果的处置方式

监察法规定了监察机关根据对监督、调查结果依法处置的下述方式：

（一）对有职务违法行为但情节较轻的公职人员，按照管理权限，直接或者委托有关机关、人员，进行谈话提醒、批评教育、责令检查，或者予以诫勉。

这种处置方式的主体既可以是监察机关本身，也可以是其直接或者委托有关机关、人员。方式包括谈话提醒、批评教育、责令检查和予以诫勉四种。适用的条件是作为监察对象的公职人员有职务违法行为，但情节较轻。

（二）对违法的公职人员依照法定程序作出警告、记过、记大过、降级、撤职、开除等政务处分决定。

关于政务处分，监察法只规定了处分种类，对处分条件、程序和处分期限均未做出详细规定。对此，目前可适用《中华人民共和国公务员法》的相应规定。

1. 应受政务处分的公务员的行为

公务员法第五十三条规定了下述十六种应受处分的行为：(1) 散布有损国家声誉的言论，组织或者参加旨在反对国家的集会、游行、示威等活动；(2) 组织或者参加非法组织，组织或者参加罢工；(3) 玩忽职守，贻误工作；(4) 拒绝执行上级依法作出的决定和命令；(5) 压制批评，打击报复；(6) 弄虚作假，误导、欺骗领导和公众；(7) 贪污、行贿、受贿，利用职务之便为自己或者他人谋取私利；(8) 违反财经纪律，浪费国家资财；(9) 滥用职权，侵害公民、法人或者其他组织的合法权益；(10) 泄露国家秘密或者工作秘密；(11) 在对外交往中损害国家荣誉和利益；(12) 参与或者支持色情、吸毒、赌博、迷信等活动；(13) 违反职业道德、社会公德；(14) 从事或者参与营利性活动，在企业或者其他营利性组织中兼任职务；(15) 旷工或者因公外出、请假期满无正当理由逾期不归；(16) 违反纪律的其他行为。

除了上述行为外，其他法律、法规和中共中央纪律检查委员会、国家监察委员会的有关规范中规定的某些禁止公职人员实施、实施了即应受到惩戒的行为亦属于应受政务处分的行为范围。

另外，根据公务员法第五十五条的规定，公务员违纪情节轻微，经批评教育后改正的，可以免予处分。

2. 政务处分的程序要求

关于政务处分的程序要求，公务员法第五十七条规定，对公务员的处分，应当事实清楚、证据确凿、定性准确、处理恰当、程序合法、手续完备。公务员违纪的，应当由处分决定机关决定对公务员违纪的情况进行调查，并将调查认定的事实及拟给予处分的依据告知公务员本人。公务员有权进行陈述和申辩。处分决定机关认为对公务员应当给予处分的，应当在规定的期限内，按照管理权限和规定的程序作出处分决定。处分决定应当以书面形式通知公务员本人。

3. 政务处分对被处分人的不利后果和期限

关于政务处分对被处分人的不利后果，公务员法第五十八条第一款规定，公务员在受处分期间不得晋升职务和级别，其中受记过、记大过、降级、撤职处分的，不得晋升工资档次。

关于政务处分的期限，公务员法第五十八条第二款规定，受处分的期间为：警告，六个月；记过，十二个月；

记大过，十八个月；降级、撤职，二十四个月。受撤职处分的，按照规定降低级别。

4. 政务处分的解除

关于政务处分的解除，公务员法第五十九条规定，公务员受开除以外的处分，在受处分期间有悔改表现，并且没有再发生违纪行为的，处分期满后，由处分决定机关解除处分并以书面形式通知本人。解除处分后，晋升工资档次、级别和职务不再受原处分的影响。但是，解除降级、撤职处分的，不视为恢复原级别、原职务。

（三）对不履行或者不正确履行职责负有责任的领导人员，按照管理权限对其直接作出问责决定，或者向有权作出问责决定的机关提出问责建议。

关于对担任领导职务公职人员行政责任的问责制度，我国目前尚无法律、法规予以系统性规定。以下根据2009年6月30日中共中央办公厅、国务院办公厅发布的《关于实行党政领导干部问责的暂行规定》（以下简称《问责规定》）对这一制度及其运作程序进行阐释。

1. 问责的范围与原则

根据《问责规定》，问责适用于中共中央、国务院的工作部门及其内设机构的领导成员；县级以上地方各级党委、政府及其工作部门的领导成员，以及上述工作部门内设机构的领导成员。

《问责规定》确定的对领导干部问责的原则是：严格要求、实事求是，权责一致、惩教结合，依靠群众、依法有序。

“严格要求”是指问责要动真格，不敷衍塞则，不走过场，不搞“下不为例”，依法严格追责。

“实事求是”是指问责要讲事实，重证据，不搞扩大化，不无限上纲，不单纯根据媒体和舆论定责，坚持以事实为根据，以法律为准绳。

“权责一致”是指问责机关问责时应根据被问责人的职位、职权、职责确定其对相应被问责事项的责任大小。不能对在相应事项上无职无权的人科责，或对在相应事项上位低权小的人科以重责，而对在相应事项上有职有权的人免责，或对在相应事项上位高权重的人仅科以轻责。科责轻重必须与其职位、职权、职责相一致。

“惩教结合”是指问责机关问责既要注重惩，也要注重教，要注重查找事故、事件发生的原因，使责任人和其他人均从中吸取教训，防止类似事故、事件再次发生。

“依靠群众、依法有序”是指问责机关问责要发动群众、依靠群众，通过群众发现事故、事件的真相和事故、事件的原因，同时严格依照法律的规定有序处理事故、事件，追究相应责任人员，特别是领导人员的责任。

对领导职公职人员问责，不限于政治责任（如停职、免职等），如同时需要追究纪律责任的，有关国家机关应依照有关规定给予其党纪政纪处分；如涉嫌犯罪的，应移送司法机关依法处理。

2. 问责适用的情形

根据《问责规定》，对领导职公职人员问责适用于下列情形：

（1）决策严重失误，造成重大损失或者恶劣影响的；

（2）因工作失职，致使本地区、本部门、本系统或者本单位发生特别重大事故、事件、案件，或者在较短时间内连续发生重大事故、事件、案件，造成重大损失或者恶劣影响的；

（3）政府职能部门管理、监督不力，在其职责范围内发生特别重大事故、事件、案件，或者在较短时间内连续发生重大事故、事件、案件，造成重大损失或者恶劣影响的；

（4）在行政活动中滥用职权，强令、授意实施违法行政行为，或者不作为，引发群体性事件或者其他重大事件的；

（5）对群体性、突发性事件处置失当，导致事态恶化，造成恶劣影响的；

（6）违反干部选拔任用工作有关规定，导致用人失察、失误，造成恶劣影响的；

（7）其他给国家利益、人民生命财产、公共财产造成重大损失或者恶劣影响等失职行为的。

另外，领导职公职人员所在地区、部门、系统或者所在单位在贯彻落实党风廉政建设责任制方面出现问题的，按照《关于实行党风廉政建设责任制的规定》，追究相应领导职公职人员的责任。

3. 问责形式

根据《问责规定》，问责主要有下述五种形式：

（1）责令公开道歉；

（2）停职检查；

（3）引咎辞职；

（4）责令辞职；

（5）免职。

4. 问责适用规则

根据《问责规定》，问责适用下述规则：

（1）从重问责规则

领导职公职人员具有上述应予问责的情形，并且具有下列情节之一的，应当从重问责：其一，干扰、阻碍问责调查的；其二，弄虚作假、隐瞒事实真相的；其三，对检举人、控告人打击、报复、陷害的；其四，国家法律法规或党规规定的其他从重情节。

（2）从轻问责规则

领导职公职人员具有应予问责的情形，并且具有下列情节之一的，可以从轻问责：其一，主动采取措施，有效避免损失或者挽回影响的；其二，积极配合问责调查，并且主动承担责任的。

（3）问责对被问责者权益的影响

问责对被问责者权益产生下述影响：其一，受到问责的领导职公职人员，取消当年年度考核评优和评选各类先进的资格。其二，引咎辞职、责令辞职、免职的领导职公职人员，一年内不得重新担任与其原任职务相当的领导职务。其三，对引咎辞职、责令辞职、免职的领导职公职人员，可以根据工作需要以及本人一贯表现、特长等情况，酌情安排适当岗位或者相应工作任务。其四，引咎辞职、责令辞职、免职的领导职公职人员，一年后如果重新担任与其原任职务相当的领导职务，除应当按照干部管理权限履行审批手续外，还应当征求上一级党委组织部门的意见。

5. 问责程序

根据《问责规定》，问责适用下述程序：

（1）调查处理程序。对领导职公职人员实行问责，由纪检监察机关、组织人事部门按照管理权限依下列程序进行：其一，对因检举、控告、处理重大事故事件、查办案件、审计或者其他方式发现的领导职公职人员应当问责的线索，纪检监察机关按照权限和程序进行调查后，对需要实行问责的，按照干部管理权限向问责决定机关提出问责建议。其二，对在干部监督工作中发现的领导职公职人员应当问责的线索，组织人事部门按照权限和程序进行调查后，对需要实行问责的，按照干部管理权限向问责决定机关提出问责建议。其三，问责决定机关可以根据纪检监察机关或者组织人事部门提出的问责建议作出问责决定。其四，问责决定机关作出问责决定后，由组织人事部门办理相关事宜，或者由问责决定机关责成有关部门办理相关事宜。其五，纪检监察机关、组织人事部门提出问责建议，应当同时向问责决定机关提供有关事实材料和情况说明，以及需要提供的其他材料。

（2）决定程序。《问责规定》规定的决定程序是：其一，问责决定机关作出问责决定前，应当听取被问责的领导职公职人员的陈述和申辩，并且记录在案；对其合理意见，应当予以采纳。其二，对于事实清楚、不需要进行问责调查的，问责决定机关可以直接作出问责决定。其三，问责决定机关按照干部管理权限对领导职公职人员作出的问责决定，应当经领导班子集体讨论决定。其四，对领导职公职人员实行问责，应当制作《党政领导干部问责决定书》。《党政领导干部问责决定书》由负责调查的纪检监察机关或者组织人事部门代问责决定机关草拟。《党政领导干部问责决定书》应当写明问责事实、问责依据、问责方式、批准机关、生效时间、当事人的申诉期限及受理机关等。作出责令公开道歉决定的，还应当写明公开道歉的方式、范围等。《党政领导干部问责决定书》应当送达被问责的领导职公职人员本人及其所在单位。其五，问责决定机关作出问责决定后，应当派专人与被问责的领导职公职人员谈话，做好其思想工作，督促其做好工作交接等后续工作。其六，组织人事部门应当及时将被问责的领导职公职人员的有关问责材料归入其个人档案，并且将执行情况报告问责决定机关，回复问责建议机关。领导职公职人员问责情况应当报上一级组织人事部门备案。问责决定一般应当向社会公开。其七，对经各级人民代表大会及其常务委员会选举或者决定任命的人员实行问责，按照有关法律规定的程序办理。其八，被问责的领导职公职人员对问责决定不服的，可以自接到《党政领导干部问责决定书》之日起 15 日内，向问责决定机关提出书面申诉。问责决定机关接到书面申诉后，应当在 30 日内作出申诉处理决定。申诉处理决定应当以书面形式告知申诉人及其所在单位。被问责的领导职公职人员申诉期间，不停止问责决定的执行。

（四）对涉嫌职务犯罪的，监察机关经调查认为犯罪事实清楚，证据确实、充分的，制作起诉意见书，连同案卷材料、证据一并移送人民检察院依法审查、提起公诉。

这种处置方式是监察机关对涉嫌职务犯罪的监察对象的处置方式，适用的条件是监察机关经调查认为相应监察对象犯罪事实清楚，证据确实和充分。

关于此种处置方式，本书在第一章论述监察工作的基本原则之三：“与审判机关、检察机关、执法部门互相配合，互相制约原则”、第二章论述监察机关的组织与职责中关于“监察机关的职责”以及第五章监察工作的程序保障中均有论述和阐释。故在此结合监察法第四十七条的规定做一点补充论述。监察法第四十七条的规定人民检察院对监察机关移送的案件规定了四种处理方式：

其一，依照刑事诉讼法对被调查人采取强制措施。刑事诉讼法规定的强制措施包括拘传、取保候审、监视居住、拘留、逮捕等。对于这些强制措施，人民检察院可以根据案情选择适用。例如，刑事诉讼法第七十九条规定：“对有证据证明有犯罪事实，可能判处徒刑以上刑罚的犯罪嫌疑人、被告人，采取取保候审尚不足以防止发生下列社会危险性的，应当予以逮捕：（一）可能实施新的犯罪的；（二）有危害国家安全、公共安全或者社会秩序的现实危险的；（三）可能毁灭、伪造证据，干扰证人作证或者串供的；（四）可能对被害人、举报人、控告人实施打击报复的；（五）企图自杀或者逃跑的。对有证据证明有犯罪事实，可能判处十年有期徒刑以上刑罚的，或者有证据证明有犯罪事实，可能判处徒刑以上刑罚，曾经故意犯罪或者身份不明的，应当予以逮捕。被取保候审、监视居住的犯罪嫌疑人、被告人违反取保候审、监视居住规定，情节严重的，可以予以逮捕。”对符合上述条件的被调查人，人民检察院有权决定予以逮捕。

其二，人民检察院经审查，认为监察机关移送的犯罪嫌疑人犯罪事实已经查清，证据确实、充分，依法应当追究刑事责任的，应当作出起诉决定。

关于审查的内容，刑事诉讼法第一百六十八条规定：“人民检察院审查案件的时候，必须查明：（一）犯罪事实、情节是否清楚，证据是否确实、充分，犯罪性质和罪名的认定是否正确；（二）有无遗漏罪行和其他应当追究刑事责任的人；（三）是否属于不应追究刑事责任的；（四）有无附带民事诉讼；（五）侦查活动是否合法。”

人民检察院作出起诉决定后，应按照审判管辖的规定，向人民法院提起公诉，并将案卷材料、证据移送人民法院。

其三，人民检察院经审查，认为监察机关移送的案件材料需要补充核实的，应当退回监察机关补充调查，必要时可以自行补充侦查。对于补充调查的案件，监察机关应当在一个月内补充调查完毕。补充调查以二次为限。

其四，人民检察院经审查，认为监察机关移送的犯罪嫌疑人有刑事诉讼法规定的不起诉的情形的，经上一级人民检察院批准，依法作出不起诉的决定。对于人民检察院作出的不起诉决定，监察机关认为有错误的，可以向上一级人民检察院提请复议。

刑事诉讼法中关于不起诉的情形分为三类：

1. 法定不起诉。犯罪嫌疑人没有犯罪事实，或者有刑事诉讼法第十五条规定的情形：（1）情节显著轻微、危害不大，不认为是犯罪的；（2）犯罪已过追诉时效期限的；（3）经特赦令免除刑罚的；（4）依照刑法告诉才处理的犯罪，没有告诉或者撤回告诉的；（5）犯罪嫌疑人、被告人死亡的；（6）其他法律规定免予追究刑事责任的。对于有上述情形之一的案件，人民检察院应当作出不起诉决定。

2. 酌定不起诉。对于犯罪情节轻微，依照刑法规定不需要判处刑罚或者免除刑罚的，人民检察院可以作出不起诉决定。例如，刑法第六十七条规定："犯罪以后自动投案，如实供述自己的罪行的，是自首。对于自首的犯罪分子，可以从轻或者减轻处罚。其中，犯罪较轻的，可以免除处罚。被采取强制措施的犯罪嫌疑人、被告人和正在服刑的罪犯，如实供述司法机关还未掌握的本人其他罪行的，以自首论。犯罪嫌疑人虽不具有前两款规定的自首情节，但是如实供述自己罪行的，可以从轻处罚；因其如实供述自己罪行，避免特别严重后果发生的，可以减轻处罚。"刑法第六十八条规定："犯罪分子有揭发他人犯罪行为，查证属实的，或者提供重要线索，从而得以侦破其他案件等立功表现的，可以从轻或者减轻处罚；有重大立功表现的，可以减轻或者免除处罚。”

3. 证据不足不起诉。对于二次补充侦查的案件，人民检察院仍然认为证据不足，不符合起诉条件的，应当作出不起诉的决定。

（五）对监察对象所在单位廉政建设和履行职责存在的问题等提出监察建议。

此种方式适用的条件是监察对象所在单位廉政建设和履行职责存在问题。

关于监察建议，监察法未对之做详细的规定。2018 年 5 月 23 日，《中国纪检监察报》发表了高伟先生的《监察建议运用研究》，现将主要观点摘录如下：

其一，监察建议的概念和主要特点。高伟认为，监察建议是监察机关在履行监察职能过程中，根据监督、调查结果，向监察对象所在单位提出纠正措施、完善管理、健全制约和监督权力制度等建议，是促进法律正确实施、推进廉政建设的一种重要方式。监察建议的主要特点有四：一是其本质上是监察职能的体现，是监察机关实现监察职能的一种有效方式。二是范围上具有特定性。监察法对提出监察建议设定了具体情形，监察机关只能对法律、法规规定的情形提出监察建议。三是适用上具有依附性。监察法规定的监察对象是个人，单位不是监察对象，也就是监察建议只能依据对个人的监督、调查结果向有关单位提出。

四是效果上具有强制性。监察建议是监察法明确规定的，是监察建议权的有效载体，具有强制性和普遍的约束力[①]。

其二，监察建议的功能。高伟认为，监察建议有三项功能：一是纠错功能，可以纠正有关单位在履行职责方面存在的问题；二是处置功能，可以要求有关单位对监察对象作出取消当选资格或者担任相应职务资格或者组织处理的建议；三是反腐治本功能，是实现监察法第六条规定的“深化改革、健全法治，有效制约和监督权力”的重要手段。监察机关依据监督、调查的结果，分析案件发生的原因、特点、规律，找出监察对象所在单位制度和管理等方面存在的问题和漏洞，提出监察建议，促使有关单位增强全面从严治党主体责任意识，有效加强监督管理、完善制度、健全机制，预防职务违法和职务犯罪行为的发生。

其三，监察建议的内容。高伟认为，监察建议一般应包括以下内容：被建议单位基本情况，监督、调查所认定的事实、证据、法律依据，具体建议，被建议单位书面回复落实情况的期限。

其四，提出监察建议的程序。高伟认为，监察机关和

---

① 监察法第六十二条规定，有关单位拒不执行监察机关作出的处理决定，或者无正当理由拒不采纳监察建议的，由其主管部门、上级机关责令改正，对单位给予通报批评；对负有责任的领导人员和直接责任人员依法给予处理。因此，作为一项法定的职责，监察建议的行使具有强制性，能够使作用的对象实施或不实施一定的行为。

派驻或者派出的监察机构、监察专员可以对自己管辖范围内的监察事项向有关单位提出监察建议。对于指定管辖的案件，具体承办的监察机关不能向案发单位提出监察建议，应该由本来具有管辖权的监察机关提出监察建议。派驻监察机构只能对其负责监督的部门提出监察建议。另外，提出监察建议，应当按照统一的格式和内容制作监察建议书，报请监察机关负责人审批。派驻或者派出的监察机构、监察专员提出监察建议的，监察建议书应当报派驻或者派出它的监察委员会审批。

其五，关于监察建议的跟踪落实。高伟认为，接受监察建议单位应该在监察建议规定的期限内，书面回复监察建议落实情况。提出监察建议的监察机关、派驻或者派出的监察机构、监察专员应当及时了解和掌握接受建议单位对监察建议的采纳落实情况。接受建议单位无正当理由拒不采纳监察建议的，监察机关、派驻或者派出的监察机构、监察专员可以向其主管部门、上级机关反映。①

此外，如监察机关经调查，发现没有证据证明被调查人存在违法犯罪行为。对于这种情形，监察机关应当撤销案件，并通知被调查人所在单位。

---

① 参见高伟：《监察建议运用研究》，载《中国纪检监察报》2018 年 5 月 23 日。

六、留置折抵刑期

监察法第四十四条第三款规定，被留置人员涉嫌犯罪移送司法机关后，被依法判处管制、拘役和有期徒刑的，留置一日折抵管制二日，折抵拘役、有期徒刑一日。这一规则实际是对刑法总则第四十一条、第四十四条和第四十七条的援引。刑法总则第四十一条规定，管制的刑期，从判决执行之日起计算；判决执行以前先行羁押的，羁押一日折抵刑期二日。刑法总则第四十四条规定，拘役的刑期，从判决执行之日起计算；判决执行以前先行羁押的，羁押一日折抵刑期一日。刑法总则第四十七条规定，有期徒刑的刑期，从判决执行之日起计算；判决执行以前先行羁押的，羁押一日折抵刑期一日。

第十章 监察工作中应遵循或参考适用的证据规则

监察法没有专章规定具体的监察证据规则，仅在第三十三条对证据问题做了一个原则性规定：“监察机关依照本法规定收集的物证、书证、证人证言、被调查人供述和辩解、视听资料、电子数据等证据材料，在刑事诉讼中可以作为证据使用。监察机关在收集、固定、审查、运用证据时，应当与刑事审判关于证据的要求和标准相一致。以非法方法收集的证据应当依法予以排除，不得作为案件处置的依据”。

考虑到证据规则在监察工作中的特殊重要性，笔者在这里特将刑事诉讼法规定的证据规则加以介绍和阐释，作为监察机关办理案件的指导；同时，笔者也介绍和阐释若干一般性证据规则（不仅适用于办理职务犯罪案件，也适用于办理职务违法案件和违纪案件），供监察机关办理各种监察案件时参考，这些证据规则有的在监察工作中也可以直接适用。

一、刑事诉讼法规定的证据规则

（一）证据范围

刑事诉讼法第四十八条规定，可以用于证明案件事实的材料，都是证据。刑事诉讼的证据包括八类：

1. 物证

物证是指能够据以查明案件事实的一切物品和痕迹。物证的形式是多种多样的。在刑事诉讼中，它可能是犯罪使用的工具和留有犯罪痕迹的物品，也可能是犯罪侵犯的客体物或其他可供揭露犯罪、查获犯罪人的物品。物证是以它的存在情况、形状、质量、特性等来证明案件事实的。

物证的收集方法主要有三：其一，通过现场勘验收集；其二，通过调查收集；其三，通过搜查收集。①

2. 书证

书证是指以文字记载人的思想或行为以及用符号、图画表达人的思想，其内容对案件的真实情况具有证明作用的物品。书证的特征在于，它所记载的内容或所表达的思想，可供他人认识和了解；而且，它的内容必须反映一定的案件事实，能够据以查明案件的真实情况。

书证根据不同的标准，主要可以做以下四种分类：其一，根据书证是否为国家机关等行使职权所制作的，其可

---

① 参见巫宇甦主编：《证据学》，群众出版社1989年版，第156～162页。

分为公文书证与非公文书证；其二，根据书证的制作方式，其可分为原本、正本、副本和节录本；其三，根据书证的形式，其可分为一般书证与特定书证（前者法律无特定形式要求，后者法律规定了某种特定形式，如法律规定必须经过公证、认证的授权委托书）；其四，根据书证的不同内容，其可分为处分书证与报告书证（前者以发生、变更或消灭一定法律关系为目的，如合同文书、遗嘱书等；后者不以产生一定法律后果为目的，如账簿、日记等）。[①]

3. 证人证言

证人证言是指证人就其所了解的情况，向司法机关、监察机关等国家机关所作的陈述。证人证言的内容，包括对查清案件真相有意义的一切事实。法律只要求证人陈述这些事实，而不要求他对这些事实作出判断。与案件无关的事实，或者是证人的估计、猜测等，不能作为证言的内容。证人陈述的情况，可以是亲自听到的或看到的，也可以是别人听到或看到而转告他的。证人对别人转告的情况，必须说明来源，说不出来源，或者道听途说的消息，不能作为证言。[②]

4. 被害人陈述

被害人陈述是指受犯罪行为侵害的人就其了解的案件

---

① 参见巫宇甦主编：《证据学》，群众出版社 1989 年版，第 163 ~ 174 页。

② 参见巫宇甦主编：《证据学》，群众出版社 1989 年版，第 188 ~ 200 页。

情况，向司法机关、监察机关等国家机关所作的陈述。被害人受到犯罪行为的侵害，一般来说，对犯罪情况有比较清楚的了解，能够提供犯罪的时间、地点、受害经过，造成的危害等详细情况。被害人陈述对正确确定案件侦查方向、获取和核实其他证据，正确认定案件事实，具有重要的作用。①

5. 犯罪嫌疑人、被告人供述和辩解

犯罪嫌疑人、被告人供述和辩解是指犯罪嫌疑人、被告人在调查、侦查和诉讼中向司法机关、监察机关就案件的有关情况所作的陈述，即通常所说的口供。这种陈述（口供）包括供述和辩解。犯罪嫌疑人、被告人向司法机关、监察机关承认自己犯罪，陈述自己犯罪的具体情节，叫“供述”；犯罪嫌疑人、被告人虽然承认自己犯罪，但是说明有依法不应追究刑事责任的情况或有从轻、减轻或免除处罚等有利于自己的情况，称为“辩解”。供述和辩解都是刑事诉讼的重要证据形式。②

6. 鉴定意见

鉴定意见是指司法机关、监察机关等国家机关指派或聘请有某种专门知识的人对案件中某些专门性问题进行鉴

---

① 参见巫宇甦主编：《证据学》，群众出版社 1989 年版，第 201～206 页。

② 参见巫宇甦主编：《证据学》，群众出版社 1989 年版，第 207～220 页。

别和判断后所作出的结论性意见。首先，鉴定意见要求鉴定人不仅说明根据鉴定材料所观察到的事实，而且还必须在分析研究这些事实的基础上提出鉴别和判断的结论性意见。其次，鉴定意见只能就应予查明的案件事实中的专门性问题作出鉴别和判断，而不应就法律问题发表意见和作出结论。

鉴定意见有各种类别，主要有法医学鉴定意见、司法精神病鉴定意见、书法鉴定意见、痕迹鉴定意见、化学鉴定意见、会计鉴定意见、技术鉴定意见等。①

7. 勘验、检查、辨认、侦查实验等笔录

勘验、检查笔录是指侦查、调查人员对与犯罪有关的场所、物品、人身、尸体进行勘查、检查时就所观察、测量的情况所作的实况记载。其中对于与犯罪有关的场所、物品和尸体进行勘查所形成的记载叫“勘验笔录”；而对于活体的人身进行检查所形成的记载叫“检查笔录”。

辨认则是在侦查、调查人员主持下由被害人、证人、犯罪嫌疑人对犯罪嫌疑人、与案件有关或疑与案件有关的物品、尸体、场所进行识别认定的措施。“辨认笔录”是以笔录的方式全面、客观地记载辨认的全过程和辨认结果并有在场相关人员签名的笔录。

---

① 参见巫宇甦主编：《证据学》，群众出版社 1989 年版，第 175 ~ 181 页。

侦查实验是指为了确定与案件有关的某一事件或者事实在某种条件下能否发生或者怎样发生而按照原来的条件，将该事件或者事实加以重演或者进行试验的一种证据调查活动。“侦查实验笔录”是侦查、调查机关对进行侦查、调查实验的时间、地点、实验条件以及实验经过和结果所作的，有进行实验的侦查、调查人员、其他参加人员和见证人签名或者盖章的客观记录。①

8. 视听资料、电子数据

视听资料是指载有能够证明有关案件事实的内容的录音带、录像带、电影胶片、电子计算机的磁盘等，以其所载的音响、活动影像和图形，以及电子计算机所存储的资料等来证明案件事实的证据。

电子数据是指以电子形式存在的，用作证据使用的一切材料及其派生物。其既包括反映法律关系产生、变更或消灭的电子信息正文本身，也包括反映电子信息生成、存储、传递、修改、增删等过程的电子记录，还包括电子信息所处的硬件和软件环境。具体形式包括电子邮件、电子数据交换、网上聊天记录、网络博客、手机短信、电子签名、域名、电子公告牌记录、电子资金划拨记录、网页文件等。②

---

① 参见陈光中主编：《刑事诉讼法》，北京大学出版社、高等教育出版社 2012 年版，第 202～203 页。

② 参见陈光中主编：《刑事诉讼法》，北京大学出版社、高等教育出版社 2012 年版，第 203～204 页。

以上证据均必须经过查证属实，才能作为案件定案的根据。

（二）举证责任

刑事诉讼法第四十九条规定，公诉案件中被告人有罪的举证责任由人民检察院承担，自诉案件中被告人有罪的举证责任由自诉人承担。

监察机关办理的职务犯罪案件都是公诉案件。法律要求监察人员必须依照法定程序，收集能够证实犯罪嫌疑人、被告人有罪或者无罪、犯罪情节轻重的各种证据。严禁刑讯逼供和以威胁、引诱、欺骗以及其他非法方法收集证据，不得强迫任何人证实自己有罪。必须保证一切与案件有关或者了解案情的公民，有客观地、充分地提供证据的条件，除特殊情况外，可以吸收他们协助调查。

监察机关制作的起诉意见书和移送检察机关的所有案卷材料、人民检察院的起诉书、人民法院的判决书，都必须忠实于事实真相。如有故意隐瞒事实真相的，均将追究法律责任。①

（三）证据的收集、提供与使用

根据监察法和刑事诉讼法的规定，职务犯罪案件证据的收集、提供与使用应遵守下述规则：

1. 监察机关和司法机关有权向有关单位和个人收集、

---

① 参见刑事诉讼法第四十九条至第五十一条。

调取证据。有关单位和个人应当如实提供证据。

2. 监察机关在办案过程中和行政机关在行政执法和查办案件过程中收集的物证、书证、视听资料、电子数据等证据材料，在刑事诉讼中可以作为证据使用。

3. 对涉及国家秘密、商业秘密、个人隐私的证据，应当保密。

4. 凡是伪造证据、隐匿证据或者毁灭证据的，无论属于何方，均必须受法律的追究。

5. 对一切案件的判处都要重证据，重调查研究，不轻信口供。只有被告人供述，没有其他证据的，不能认定被告人有罪和处以刑罚；没有被告人供述，证据确实、充分的，可以认定被告人有罪和处以刑罚。

证据的确实、充分，应当符合以下条件：（1）定罪量刑的事实都有证据证明；（2）据以定案的证据均经法定程序查证属实；（3）综合全案证据，对所认定事实已排除合理怀疑。[①]

（四）非法证据排除

根据监察法和刑事诉讼法的规定，非法证据排除规则包括下述内容：

1. 任何采用刑讯逼供等非法方法收集的犯罪嫌疑人、被告人供述和采用暴力、威胁等非法方法收集的证人证言、

---

① 参见刑事诉讼法第五十二条、第五十三条；监察法第三十三条。

被害人陈述，均应当予以排除。

2. 收集物证、书证不符合法定程序，可能严重影响司法公正的，应当予以补正或者作出合理解释；不能补正或者作出合理解释的，对该证据应当予以排除。

3. 在侦查、调查、审查起诉、审判时发现有应当排除的证据的，应当依法予以排除，不得作为起诉意见、起诉决定和判决的依据。

4. 人民检察院接到报案、控告、举报或者发现侦查、调查人员以非法方法收集证据的，应当进行调查核实。对于确有以非法方法收集证据情形的，应当提出纠正意见；构成犯罪的，依法追究刑事责任。

5. 法庭审理过程中，审判人员认为可能存在刑事诉讼法第五十四条规定的以非法方法收集证据情形的，应当对证据收集的合法性进行法庭调查。

6. 当事人及其辩护人、诉讼代理人有权申请人民法院对以非法方法收集的证据依法予以排除。申请排除以非法方法收集的证据的，应当提供相关线索或者材料。

7. 在对证据收集的合法性进行法庭调查的过程中，人民检察院应当对证据收集的合法性加以证明。现有证据材料不能证明证据收集的合法性的，人民检察院可以提请人民法院通知有关侦查、调查人员或者其他人员出庭说明情况；人民法院可以通知有关侦查、调查人员或者其他人员出庭说明情况。有关侦查、调查人员或者其他人员也可以要求出庭说明情况。经人民法院通知，有关人员应当出庭。

8. 对于经过法庭审理，确认或者不能排除存在刑事诉讼法第五十四条规定的以非法方法收集证据情形的，对有关证据应当予以排除。[①]

（五）证人证言的效力与对证人的保护

根据刑事诉讼法的规定，证人证言的效力与对证人的保护遵循下述规则：

1. 证人证言必须在法庭上经过公诉人、被害人和被告人、辩护人双方质证并且查实以后，才能作为定案的根据。法庭查明证人有意作伪证或者隐匿罪证的时候，应当依法处理。

2. 凡是知道案件情况的人，都有作证的义务。但生理上、精神上有缺陷或者年幼，不能辨别是非、不能正确表达的人，不能作证人。

3. 监察机关和司法机关应当保障证人及其近亲属的安全。证人、鉴定人、被害人认为因在调查、侦查和诉讼中作证，本人或者其近亲属的人身安全面临危险的，可以向监察机关和司法机关请求予以保护。监察机关和司法机关

---

① 参见刑事诉讼法第五十四条至第五十八条、第六十三条；监察法第三十三条第三款。

依法采取保护措施，有关单位和个人应当配合。对证人及其近亲属进行威胁、侮辱、殴打或者打击报复，构成犯罪的，依法追究刑事责任，尚不够刑事处罚的，依法给予治安管理处罚。

4. 有工作单位的证人作证，所在单位不得克扣或者变相克扣其工资、奖金及其他福利待遇。

5. 对于危害国家安全犯罪、恐怖活动犯罪、黑社会性质的组织犯罪、毒品犯罪等案件，证人、鉴定人、被害人因在诉讼中作证，本人或者其近亲属的人身安全面临危险的，人民法院、人民检察院和公安机关应当采取以下一项或者多项保护措施：（1）不公开真实姓名、住址和工作单位等个人信息；（2）采取不暴露外貌、真实声音等出庭作证措施；（3）禁止特定的人员接触证人、鉴定人、被害人及其近亲属；（4）对人身和住宅采取专门性保护措施；（5）其他必要的保护措施。①

二、可参考适用的一般证据规则②

（一）证据提供规则

监察对象可主动或应调查、审理机关要求提供证明案件情况的有关事实材料，包括书证、物证、视听资料、电

---

① 参见刑事诉讼法第五十九条至第六十二条。

② 这些规则是笔者根据刑事、民事、行政诉讼法律及有关司法解释，结合监察工作的实际总结、概括和归纳的，供监察机关和监察人员在监察工作中参考或参照适用。

子数据、证人证言、当事人陈述、鉴定意见、勘验笔录、现场笔录等。

监察对象享有的提供证据的权利是其合法权利的保障。同时，调查、审理机关也只有允许和鼓励当事人积极主动地提供证据，才有利于自己迅速地查明案情，判断是非，确认相应事实的真伪。

除了监察对象外，其他知道案件情况、掌握案件有关证据材料的机关、组织和个人、亦有提供证据的权利和义务。此外，法定鉴定部门或由调查、审理机关指定的鉴定部门也有对有关专门问题进行鉴定和提供鉴定意见的义务。这一证据规则在各种诉讼中是基本相同的。无论是刑事案件、民事案件，还是行政案件，都有可能遇到某些专门性问题，需要具有专门技术人员和专门技术设备的机构对之进行鉴定，提供鉴定意见。法定鉴定机构负有承担调查、审理机关交给的鉴定任务，为之提供鉴定意见的法定义务，这是毋庸置疑的；其他非法定鉴定机构，受调查、审理机关的委托，也有义务对相应问题进行鉴定，提供鉴定意见。这就像一般公民和组织有向法院作证和提供证据的义务一样。任何公民、组织机构既然享有国家为之提供的法律保护，就有义务协助国家机关行使职能，保证其执法和监督活动的顺利进行。

根据有关法律和司法解释的规定，提供证据的规则可以归纳为以下 10 项：

1. 当事人提供书证的，除法律、法规、司法解释和规章对书证的制作形式有另外的规定外，还应当符合下列 4 项要求：其一，提供书证的原件，原本、正本和副本均属于书证的原件。提供原件确有困难的，可以提供与原件核对无误的复印件、照片、节录本。其二，提供由有关部门保管的书证原件的复制件、影印件或者抄录件的，应当注明出处，经该部门核对无异后加盖其印章。其三，提供报表、图纸、会计账册、专业技术资料、科技文献等书证的，应当附有说明材料。

2. 当事人提供物证的，应当符合下列两项要求：其一，提供原物。提供原物确有困难的，可以提供与原物核对无误的复制件或者证明该物证的照片、录像等其他证据。其二，原物为数量较多的种类物的，提供其中的一部分。

3. 当事人提供计算机数据或者录音、录像等视听资料的，应当符合下列三项要求：其一，提供有关资料的原始载体。提供原始载体确有困难的，可以提供复制件。其二，注明制作方法、制作时间、制作人和证明对象等。其三，声音资料应当附有该声音内容的文字记录。

4. 当事人提供证人证言的，应当符合下列四项要求：其一，写明证人的姓名、年龄、性别、职业、住址等基本情况。其二，有证人的签名，不能签名的，应当以盖章等方式证明。其三，注明出具日期。其四，附有居民身份证复印件等证明证人身份的文件。

5. 当事人提供的在行政程序中采用的鉴定意见，应当载明委托人和委托鉴定的事项、向鉴定部门提交的相关材料、鉴定的依据和使用的科学技术手段、鉴定部门和鉴定人鉴定资格的说明，并应有鉴定人的签名和鉴定部门的盖章。通过分析获得的鉴定意见，应当说明分析过程。

6. 当事人提供的现场笔录，除法律、法规和规章对现场笔录的制作形式有另外的规定外，应当载明时间、地点和事件等内容，并由执法人员和当事人签名。当事人拒绝签名或者不能签名的，应当注明原因。有其他人在现场的，可由其他人签名。

7. 当事人提供的在中华人民共和国领域外形成的证据，应当说明来源，经所在国公证机关证明，并经中华人民共和国驻该国使领馆认证，或者履行中华人民共和国与证据所在国订立的有关条约中规定的证明手续。当事人提供的在中华人民共和国香港特别行政区、澳门特别行政区和台湾地区内形成的证据，应当具有按照有关规定办理的证明手续。

8. 当事人提供外文书证或者外国语视听资料的，应当附有由具有翻译资质的机构翻译的或者其他翻译准确的中文译本，由翻译机构盖章或者翻译人员签名。

9. 证据涉及国家秘密、商业秘密或者个人隐私的，提供人应当作出明确标注，并向审查机关说明，由审查机关予以审查确认。

10. 当事人应当对其提交的证据材料分类编号，对证据材料的来源、证明对象和内容作简要说明，签名或者盖章，注明提交日期。调查、审理机关收到当事人提交的证据材料，应当出具收据，注明证据的名称、份数、页数、件数、种类等以及收到的时间，由经办人员签名或者盖章。

（二）证据调取规则

证据调取规则是指调查、审理机关从了解案情、握有证据的有关行政机关、组织、诉讼当事人或其他人处取得证据的规则，也包括调查、审理机关通过行政机关向其他人调取证据的规则。这些规则可以归纳为以下9项：

1. 案件审查过程中，调查、审理机关有权要求当事人提供或补充证据。根据我国诉讼制度“以事实为根据，以法律为准绳”的基本原则，在诉讼过程中，调查、审理机关不应只是被动地接受当事人提供的证据，凭当事人提供的证据作出决定，而应在审理过程中依法主动要求当事人提供或补充遗漏提交的证据。

2. 在审查过程中，调查、审理机关有权向有关行政机关以及其他组织、公民调取证据。调查、审理机关在审查过程中不仅有权要求当事人提供或者补充证据，而且有权自己向有关行政机关以及其他组织、公民调取证据。

3. 对于某些证据材料，当事人不能自行收集但能够提供确切线索的，可以申请调查、审理机关调取。这些证据材料有三：其一，由国家有关部门保存而须由调查、审理机关调取的证据材料。其二，涉及国家秘密、商业秘密、个人隐私的证据材料。其三，当事人确因客观原因不能自行收集的其他证据材料。

4. 当事人申请调取证据的，应当提交调取证据申请书。调取证据申请书应当写明下列内容：（1）证据持有人的姓名或者名称、住址等基本情况。（2）拟调取证据的内容。（3）申请调取证据的原因及其要证明的案件事实。

5. 调查、审理机关对当事人调取证据的申请，经审查符合调取证据条件的，应当及时决定调取；不符合调取证据条件的，应当向当事人或者其诉讼代理人送达通知书，说明不准许调取的理由。调查、审理机关根据当事人申请，经调取未能取得相应证据的，应当告知申请人并说明原因。

6. 调查、审理机关需要调取的证据在异地的，可以书面委托证据所在地国家机关调取。受托机关应当在收到委托书后，按照委托要求及时完成调取证据工作，送交委托机关。受托机关不能完成委托内容的，应当告知委托机关并说明原因。

7. 当事人有证据或者有正当理由表明调查、审理机关据以认定案件事实的鉴定意见可能有错误，在法定期限内书面申请重新鉴定的，调查、审理机关应予准许。当事人对调查、审理机关委托的鉴定部门作出的鉴定意见有异议申请重新鉴定，提出证据证明存在下列四种情形之一的，调查、审理机关应予准许：其一，鉴定部门或者鉴定人不具有相应的鉴定资格的。其二，鉴定程序严重违法的。其三，鉴定意见明显依据不足的。其四，经过质证不能作为证据使用的其他情形。审查机关对有缺陷的鉴定意见，可以通过补充鉴定、重新质证或者补充质证等方式解决。

8. 调查、审理机关对委托或者指定的鉴定部门出具的鉴定书，应当审查是否具有下列内容：（1）鉴定的问题、项目；（2）鉴定时提交的相关材料；（3）鉴定的依据和使用的科学技术手段；（4）鉴定的过程；（5）明确的鉴定意见；（6）鉴定部门和鉴定人鉴定资格的说明；（7）鉴定人及鉴定部门签名盖章。对于内容欠缺或者鉴定意见不明确的鉴定书，调查、审理机关可以要求鉴定部门予以说明、补充鉴定或者重新鉴定。

9. 调查、审理机关可以依当事人申请或者依职权勘验现场。勘验现场时，勘验人必须出示调查、审理机关的证件，并邀请当地基层组织或者当事人所在单位派人参加。当事人或其成年亲属应当到场，拒不到场的，不影响勘验的进行，但应当在勘验笔录中说明情况。勘验现场，调查、审理机关工作人员应当制作勘验笔录，记载勘验的时间、地点、勘验人、在场人、勘验的经过和结果，由勘验人、当事人、在场人签名。勘验现场时绘制的现场图，应当注明绘制的时间、方位、绘制人姓名和身份等内当事人对勘验结论有异议的，可以在法定期限内申请重新勘验，是否准许由审查机关决定。

（三）证据保全规则

证据保全规则指调查、审理过程中有证据可能灭失或以后难以取得的情形，调查、审理机关应当事人的申请或主动采取某种保护措施的规则。根据有关法律和司法解释的规定，证据保全规则可以归纳为以下 4 项：

1. 在证据可能灭失或者以后难以取得的情况下，当事人有权向调查、审理机关申请保全证据。这一规则包括下述内容：（1）申请的条件是证据可能灭失或以后难以取得。所谓“可能灭失”指证据可能变质、腐坏、毁灭、消失，证人可能死亡，案件现场可能发生变化等情形；所谓“以后难以取得”，指证据以后虽不致灭失，但如不及时取得，以后取得将非常困难，甚至成为不可能，如证据将被人带出国、出境，将使用于某种生产工艺中、将为某新建筑物所覆盖、将被人转移、隐藏等情形。（2）申请人是有关当事人，其在具备申请条件时均有权申请。（3）实施保全措施的条件是具备申请条件的有关当事人提出申请和调查、审理机关作出准许保全申请的决定。申请人申请应有申请书，说明所申请保全的证据的内容及所存处所以及申请保全的理由。调查、审理机关如决定准许申请，保全措施则立即开始实施，如不准许，保全申请即被否认，保全措施不能实行。

2. 在证据可能灭失或者以后难以取得的情况下，调查、审理机关可主动采取保全措施。调查、审理机关主动采取保全措施的条件基本同于当事人申请证据保全的条件，即必须是在证据可能灭失或以后难以取得的情况下才能采取，调查、审理机关主动采取保全措施应持特别慎重的态度。但在较紧急的情况下，调查、审理机关认为某种证据是案件的主要证据且时间上不允许等待当事人提出申请，否则该证据将会立即灭失或以后难以取得，调查、审理机关可立即主动采取保全措施。

3. 当事人申请保全证据的，应当在法定期限届满前以书面形式提出，并说明证据的名称和地点、保全的内容和范围、申请保全的理由等事项。当事人申请保全证据的，调查、审理机关可以要求其提供相应的担保。

4. 调查、审理机关保全证据，可以根据具体情况，采取查封、扣押、拍照、录音、录像、复制、鉴定、勘验、制作询问笔录等保全措施。调查、审理机关保全证据时，可以要求当事人或其法定代理人到场。

（四）证据审核、认定规则

证据审核、认定规则指调查、审理机关对通过各种来源、途径获取的证据进行审查，确定其证明效力和在作出处置决定中加以采用，作为相应案件定案证据的规则。根据有关法律和司法解释的规定，证据审核、认定规则可以归纳为以下 12 项：

1. 调查、审理机关处理案件，应当以证明案件事实的证据为依据。应当对收集的证据进行逐一审查和对全部证据综合审查，遵循职业道德，运用逻辑推理和生活经验，进行全面、客观和公正的分析判断，确定证据材料与案件事实之间的证明关系，排除不具有关联性的证据材料，准确认定案件事实。

在实践中，调查或审理机关处理案件，可以以一定程度的自由裁量规则作为法定证据规则的补充。但调查、审理机关先应依法定证据规则对当事人提交的证据的真实性、合法性进行审查，并继而依法定程序组织对证据的真实性、合法性和证明力进行质证。在此过程中，调查、审理机关应依法主动进行证据收集工作（如收集会计事务所出具的审计报告、收集公司财务人员提供的有关材料等）。只有在认真执行和适用法定证据规则的基础上，调查、审理机关才能运用自由裁量规则对全案证据进行综合分析、判断，并最终对案件事实进行认定和作出处置决定。离开了法定证据规则，离开了“以事实为根据，以法律为准绳”的法律原则，调查、审理机关的自由裁量只能是唯心主义的，不可能得出客观、公正的结论。当然，依法进行自由裁量对调查、审理机关正确审核、认定案件证据，从而对案件作出公正处置决定具有重要意义。因为，第一，具体案件的事实及其证据的情况是非常复杂的，法律和司法解释不可能对证据在所有情形下的真实性、合法性和证明力都作出明确的规定，这就必然会给调查、审理机关留下广泛的自由裁量余地。第二，即使法律和司法解释规定了详尽的法定证据规则，对这些规则如何适用于具体案件事实，如何对涉及全案的所有证据进行整体判断，如何对当事人提供的整个证据的证明力大小进行比较和认定，仍然需要调查、审理机关对之进行自由裁量。没有一定的自由裁量，调查、审理机关机械地按法定证据规则办案，其要么根本无法确定当事人提供的证据的真实性和证明力大小，从而无法分清是非，无法作出正确的处置决定；要么就可能是滥用裁决权，背离实质公正。监察工作人员在办案过程中，在审核、判断和认定证据及其证明力的过程中，无疑应充分发挥其主观能动性，在遵循法定证据规则的前提下，积极和有效地运用自由裁量，使其判断最大限度地接近正义。当然，这需要监察工作人员具有很高的素质：法律的、道德的、人文的、科学的，乃至艺术的素质。[①]

2. 调查、审理机关对证据的审查包括对证据合法性的审查和对证据真实性的审查两个方面。证据合法性审查主要包括以下内容：（1）证据是否符合法定形式；（2）证据的取得是否符合法律、法规、司法解释和规章的要求；（3）是否有影响证据效力的其他违法情形。证据真实性审查主要包括以下内容：（1）证据形成的原因；（2）发现证据时的客观环境；（3）证据是否为原件、原物，复制件、复制品与原件、原物是否相符；（4）提供证据的人或者证人与当事人是否具有利害关系；（5）影响证据真实性的其他因素。调查、审理机关对证据合法性和证据真实性审查尤应注重以下四个方面：一是注重审查证据的来源。不同来源的证据其可靠性、证明力存在着差别，从而对其审查的强度、审查的内容、审查的方法也应有所不同。因此，在对证据进行其他方面的审查之前，首先应审查证据的来源。二是注重审查证据的内容。对证据内容的审查除了合法性和真实性外，还包括对证据关联性、证明力的审查。证据真实性审查在于辨别相应证据的真伪，去伪存真；证据关联性审查在于确定相应证据是否与本案有关，能否对相应事实是否合法予以证明；证据证明力审查在于确定相

---

① 参见姜明安：《证据规则法定与自由心证》，载《北京青年报》2003年2月16日。

应证据是属于直接证据还是间接证据，是属于主要证据还是次要证据，其所具证明效力如何。三是注重审查取得证据的方法。根据法治的要求，只有合法取得的证据才能为调查、审理机关采用，作为定案的证据，非法获取的证据调查、审理机关应拒绝接受、采用，不能作为立案证据。为此，调查、审理机关审查证据必须审查证据取得的方法。在很多情况下，调查、审理机关对证据取得方法的审查还会有助于对证据真实性的审查，虽然非法或不适当的方法所取得的证据不一定是不真实的，但是许多不真实的证据确实是以非法或不适当的方法获取或制造的。当然，这里应当指出，证据不管是否真实，只要是非法取得的，均不能作为定案证据，因为法律不能使任何个人、组织从违法行为中获益。四是注重审查各种证据相互之间的关系。作为一案定案依据的各种证据，它们之间应该相互联系、相互协调一致，组成环环相扣的一个链条，从而对相应事实的合法性作出合乎逻辑的令人信服的证明。为此，调查、审理机关必须对各种证据之间的关系加以审查，如果发现相互矛盾、相互冲突处，就应该进一步查明问题的症结所在，如果发现其中存在虚假证据，就应该加以剔除，保证整个证据的真实性和协调一致。

3. 根据证据合法性的要求，下列证据材料不能作为定案依据：（1）严重违反法定程序收集的证据材料；（2）以违法偷拍、偷录、窃听等手段获取的侵害他人合法权益的证据材料；（3）以利诱、欺诈、胁迫、暴力等不正当手段获取的证据材料；（4）在中华人民共和国领域以外或者在中华人民共和国香港特别行政区、澳门特别行政区和台湾地区形成的未办理法定证明手续的证据材料；（5）当事人无正当理由拒不提供原件、原物，又无其他证据印证，调查、审理人员不予认可的证据的复制件或者复制品；（6）被当事人或者他人进行技术处理而无法辨明真伪的证据材料；（7）不能正确表达意志的证人提供的证言；（8）不具备合法性和真实性的其他证据材料。此外，以违反法律禁止性规定或者侵犯他人合法权益的方法取得的证据，不能作为认定案件事实的依据。

4. 对监察工作人员在调查、审理程序中采纳的鉴定意见，当事人提出证据证明有下列情形之一的，监察、审理机关不予采纳：（1）鉴定人不具备鉴定资格；（2）鉴定程序严重违法；（3）鉴定意见错误、不明确或者内容不完整。

5. 证明同一事实的数个证据，其证明效力一般可以按照下列情形分别认定：（1）国家机关以及其他职能部门依职权制作的公文文书优于其他书证；（2）鉴定意见、现场笔录、勘验笔录、档案材料以及经过公证或者登记的书证优于其他书证、视听资料和证人证言；（3）原件、原物优于复制件、复制品；（4）法定鉴定部门的鉴定意见优于其他鉴定部门的鉴定意见；（5）法庭主持勘验所制作的勘验笔录优于其他部门主持勘验所制作的勘验笔录；（6）原始证据优于传来证据；（7）其他证人证言优于与当事人有亲属关系或者其他密切关系的证人提供的对该当事人有利的证言；（8）出庭作证的证人证言优于未出庭作证的证人证言；（9）数个种类不同、内容一致的证据优于一个孤立的证据。

6. 以有形载体固定或者显示的电子数据交换、电子邮件以及其他数据资料，其制作情况和真实性经监察工作人员确认，或者以公证等其他有效方式予以证明的，与原件具有同等的证明效力。调查、审理机关对经过公证程序证明的法律行为、法律事实和文书，一般应当作为证明相应待证事实的证据，除非有相反的证据足以推翻公证证明。公证的证明效力高于一般证据的证明效力，在诉讼过程中，人民法院对于经过公证程序证明的法律行为、法律事实和文书，通常可直接引用为证明相应待证事实的证据，而无须重新加以审查、鉴定或审核。当然在诉讼中公证证据也需要在法庭上出示。当事人如能提出相反证据足以推翻公证证据，相应公证证据则不得为法院采用作为定案证据。

7. 下列事实调查、审理机关可以直接认定：（1）众所周知的事实；（2）自然规律及定理；（3）按照法律规定推定的事实；（4）已经依法证明的事实；（5）根据日常生活经验法则推定的事实。但其中（1）、（3）、（4）、（5）项，当事人有相反证据足以推翻的除外。

8. 当事人确有证据证明国家机关持有的证据对其有利，国家机关无正当事由拒不提供的，可以推定该当事人的主张成立。

9. 生效的人民法院裁判文书或者仲裁机构裁决文书确认的事实，可以作为定案依据。但是如果发现裁判文书或者裁决文书认定的事实有重大问题的，应当通过法定程序予以纠正。

10. 下列证据不能单独作为定案依据：（1）未成年人所作的与其年龄和智力状况不相适应的证言；（2）与一方当事人有亲属关系或者其他密切关系的证人所作的对该当事人有利的证言，或者与一方当事人有不利关系的证人所作的对该当事人不利的证言；（3）应当出庭作证而无正当理由不出庭作证的证人证言；（4）难以识别是否经过修改的视听资料；（5）无法与原件、原物核对的复制件或者复制品；（6）经第三人改动，当事人不予认可的证据材料；（7）其他不能单独作为定案依据的证据材料。

11. 庭审中经过质证的证据，能够当庭认定的，应当当庭认定；不能当庭认定的，应当在合议庭合议时认定。人民法院应当在裁判文书中阐明证据是否采纳的理由。

12. 法庭发现当庭认定的证据有误，可以按照下列方式纠正：（1）庭审结束前发现错误的，应当重新进行认定；（2）庭审结束后宣判前发现错误的，在裁判文书中予以更正并说明理由，也可以再次开庭予以认定；（3）有新的证据材料可能推翻已认定的证据的，应当再次开庭予以认定。

（五）证据在诉讼过程中对质、辨认和核实规则

根据有关法律和司法解释的规定，证据在诉讼过程中对质、辨认和核实规则可以归纳为以下 16 项：

1. 所有证据在诉讼过程中均应当在法庭上出示，并经庭审质证。未经庭审质证的证据，不能作为定案的依据。当事人在庭前证据交换过程中没有争议并记录在卷的证据，经审判人员在庭审中说明后，可以作为认定案件事实的依据。对证人相互认定不一的事实材料，必须与当事人双方见面，在法庭上出示，并经当事人辩论质证，法院才能确定其真伪，决定是否采用和作为定案证据。

2. 涉及国家秘密、商业秘密和个人隐私或者法律规定的其他应当保密的证据，不得在开庭时公开质证。这一规则是法治国家的通例。法院对涉及国家秘密的证据保密是国家利益的需要，否则，将可能危及国家安全或损害国家声誉或国家其他重大利益。法院对涉及商业秘密的证据保密是保障公民和有关经济组织的经济权利，保障社会经济

秩序和社会生产、交换活动正常进行的需要。法院对涉及个人隐私的证据保密是保障公民基本人权，尊重公民人格和荣誉的需要。对于有些案件，为了准确地查明事实、辨明是非，法院必须向当事人出示某种需要向社会保密的证据，让当事人对之加以辩论质证。如果此种出示不会危害国家社会和当事人个人利益，法院可以在不公开开庭时出示相应证据。无论如何，法院不应在公开开庭时出示涉及国家秘密、商业秘密和个人隐私的证据。

3. 当事人申请人民法院调取的证据，应当在庭审中出示，并由当事人质证。人民法院依职权调取的证据，法庭亦应出示，并可就调取该证据的情况进行说明，听取当事人意见。

4. 当事人应当围绕证据的关联性、合法性和真实性，针对证据有无证明效力以及证明效力大小进行质证。经法庭准许，当事人及其代理人可以就证据问题相互发问，也可以向证人、鉴定人或者勘验人发问。当事人及其代理人相互发问，或者向证人、鉴定人、勘验人发问时，发问的内容应当与案件事实有关联，不得采用引诱、威胁、侮辱等语言或者方式。

5. 对书证、物证和视听资料进行质证时，当事人应当出示证据的原件或者原物。但有下列两种情况之一的除外：其一，出示原件或者原物确有困难并经法庭准许可以出示复制件或者复制品的；其二，原件或者原物已不存在，可以出示证明复制件、复制品与原件、原物一致的其他证据。视听资料应当当庭播放或者显示，并由当事人进行质证。

6. 凡是知道案件事实的人，都有出庭作证的义务。有下列五种情形之一的，经人民法院准许，当事人可以提交书面证言：其一，当事人在调查、审理程序或者庭前证据交换中对证人证言无异议的；其二，证人因年迈体弱或者行动不便。无法出庭的；其三，证人因路途遥远、交通不便无法出庭的；其四，证人因自然灾害等不可抗力或者其他意外事件无法出庭的；其五，证人因其他特殊原因确实无法出庭的。

7. 不能正确表达意志的人不能作证。根据当事人申请，人民法院可以就证人能否正确表达意志进行审查或者交由有关部门鉴定，必要时，人民法院也可以依职权交由有关部门鉴定。

8. 当事人申请证人出庭作证的，应当在法定期限届满前提出，并经人民法院许可。人民法院准许证人出庭作证的，应当在开庭审理前通知证人出庭作证。当事人在庭审过程中要求证人出庭作证的，法庭可以根据审理案件的具体情况，决定是否准许以及是否延期审理。

9. 当事人在有下列五种情形之一的情况下，可以要求相关执法人员作为证人出庭作证：其一，对现场笔录的合法性或者真实性有异议的；其二，对扣押财产的品种或者数量有异议的；其三，对检验的物品取样或者保管有异议的；其四，对执法人员的身份的合法性有异议的；其五，需要出庭作证的其他情形。

10. 证人出庭作证时，应当出示证明其身份的证件。法庭应当告知其诚实作证的法律义务和作伪证的法律责任。出庭作证的证人不得旁听案件的审理。法庭询问证人时，其他证人不得在场，但组织证人对质的除外。

11. 证人应当陈述其亲历的具体事实。证人根据其经历所作的判断、推测或者评论，不能作为定案的依据。

12. 当事人要求鉴定人出庭接受询问的，鉴定人应当出庭。鉴定人因正当事由不能出庭的，经法庭准许，可以不出庭，由当事人对其书面鉴定意见进行质证。对于出庭接受询问的鉴定人，法庭应当核实其身份、与当事人及案件的关系，并告知鉴定人如实说明鉴定情况的法律义务和故意作虚假说明的法律责任。

13. 对案件涉及的专门性问题，当事人可以向法庭申请由专业人员出庭进行说明，法庭也可以通知专业人员出庭说明，必要时，法庭可以组织专业人员进行对质。当事人对出庭的专业人员是否具备相应专业知识、学历、资历等专业资格等有异议的，可以进行询问，由法庭决定其是否可以作为专业人员出庭。专业人员可以对鉴定人进行询问。

14. 法庭在质证过程中，对与案件没有关联的证据材料，应予排除并说明理由。法庭在质证过程中，准许当事人补充证据的，对补充的证据仍应进行质证。法庭对经过庭审质证的证据，除确有必要外，一般不再进行质证。

15. 在第二审程序中，对当事人依法提供的新的证据，法庭应当进行质证；当事人对第一审认定的证据仍有争议的，法庭也应当进行质证。

16. 按照审判监督程序审理的案件，对当事人依法提供的新的证据，法庭应当进行质证；因原判决、裁定认定事实的证据不足而提起再审所涉及的主要证据，法庭也应当进行质证。所谓“新的证据”，是指以下情形的证据：（1）在一审程序中应当准予延期提供而未获准许的证据；（2）当事人在一审程序中依法申请调取而未获准许或者未取得，人民法院在第二审程序中调取的证据；（3）原告或者第三人提供的在法定期限届满后发现的证据。

第十一章 我国监察制度发展的历史沿革

一、我国古代的监察制度

我国监察制度起源很早，在远古时代，人们法天设官，即有监察官吏之设。[①] 监察制度被置于国家主要典制地位，以御史执掌的纠举弹劾，以巡按考察为核心的监察制度，可以溯源至西周。自秦以后，随着国家政务的日益纷繁和中央集权制度统治力度的不断强化，监察体制不断加强、完善。为强化官僚机器的自身制衡关系，逐步形成了以监察政、军、法方面为主，旁及国家其他事务，有较明确分工、协调和制约，从中央到地方单线垂直的和层层监督的监察体系。[②]

秦 从史籍记载看，我国秦代即已创立御史监察之制，在中央以御史府（台）为官署，以御史大夫为官长，对地

---

① 《天官书》说，“太微南四星为执法星。执法星者，谓执法以监众星也”。参见杨鸿年、欧阳鑫：《中国政制史》，安徽教育出版社 1989 年版，第 119 页。

② 参见柏桦：《中国政治制度史》，中国人民大学出版社 2011 版，第 371 页。

方则派遣监御史。

御史大夫属“三公”之一，“位上卿，银印青绶，掌副丞相”（《汉书·百官表》），其地位在廷尉之上，十分显赫。御史大夫全面掌管群臣章奏和下达皇帝诏令，并监察文武百官。御史大夫之下设御史中丞二人，协助御史大夫问事，掌管朝廷的图籍秘书，并处理直达皇帝的一切奏章，在殿中察举违法官吏。中丞之下设若干御史（亦称侍御史），主管地方送达中央的文件，并具体从事纠举办案。

监御史是秦朝廷派往地方各郡执行监察任务的官吏，他们的主要职责是对所在郡的官吏实行纠察，并参与治理刑狱。监御史不是地方官职，也不专驻地方，而是隶属于御史府（台），受御史大夫和御史中丞直接指挥和节制。①

汉 汉朝的监察机关叫御史府（台），也曾叫御史大夫寺、宪台。汉御史府有御史大夫、御史中丞。公元前1年御史大夫改大司空，不再执掌监察职能，“中丞出外为首御史台主”，每朝会“举不如仪者”，并与侍御史，监察御史分别监察中央和地方官吏，“监察非法”。

---

① 曾宪义教授主编的《中国法制史》指出，“秦代的御史监察之制尚处于初创阶段，其御史大夫、御史中丞及其他御史虽领有纠察之责，辅佐皇帝监察百官，但仍负有其他各种行政事务，还不是专职的监察官员。不过，秦代开创的监察制度不仅为后世历代王朝所继承，而且，以御史监察百官还构成了中国古代政治制度和司法制度的一大特色，其历史影响是极为深远的”。参见曾宪义主编：《中国法制史》，北京大学出版社、高等教育出版社2000年版，第93页。

在地方，汉初废地方监御史，由丞相府派遣丞相史监察郡县，将监察置于行政之下。到汉武帝时期，为了有效控制地方，废除监察郡县的丞相史，分全国为13州部，每州部设部刺史一员，直属御史台，规定“以六条问事”，一条规定监察强宗豪右，五条规定监察郡守尉和王国相。监察目的主要是防止地方割据和加强中央集权统治。开始时，部刺史专司监察，不问他事。到西汉末，权力加大，“选第大吏，所荐位高于九卿所恶立退，任重职大”。到东汉后期，部刺史从监督地方军队逐步发展到直接统率地方军队。后来又提高品秩，在所在地区，无所不统，并改称“州牧”，变成地方最高一级行政长官。

在地方监察官中，负责京师及其周围各郡的监察官称“司隶校尉”，其职权大致同于御史中丞，“无所不纠”，可以纠察京师百官及其附近地方官，甚至包括丞相和直接弹劾三公。其与尚书令、御史中丞一样，在皇帝面前有专席坐位，被称为“三独坐”，地位极为显赫。[①]

唐 在历代监察制度中，唐代最为完备。公元662年（唐高宗龙朔二年），御史台改称“宪台”；670年（咸亨元年）又复改御史台；684年（武则天光宅元年），又改御史台为“肃政台”，设左右二台，左台专管在京百司及监

---

① 参见肖永清主编：《中国法制史简编》，山西人民出版社1981年版，第163～165页。

军粮饷，右台则监京外文武百官；705 年（中宗神龙元年），取消肃政台，恢复左右御史台；712 年，左右御史台合一（右台并入左台）改为御史台，置御史大夫 1 人，中丞 2 人，侍御史 4 人、殿中侍御史 6 人、监察御史 10 人；782 年（德宗建中三年），御史台设三院：台院、殿院、察院。台院设侍御史 6 人，负责对中央百官进行纠举、弹劾、推鞫；殿院设殿中侍御史 6 人，主要监察殿廷之内百官的活动，维护朝廷礼仪秩序；察院设御史 15 人，职掌分察百僚，巡按州县。三院除设御史行使监察职能外，还设有众多属隶处理院务和其他事务。

唐代御史的主要职责有五：其一，推案狱讼。包括推问皇帝下达的案件即诏狱，审理普通刑事案件。其二，劾奏犯罪。对违法犯罪的官员进行纠举，弹劾其罪行，请求司法机关审判。其三，巡察内外。内察吏、户、礼、兵、刑、工六部，监督其职权行使，保证其合法、有效；外察州县，“六条问事”，即六察：一察官员善恶；二察户口流散、籍帐隐没、赋役不均；三察不劝农桑、仓库耗减；四察奸猾盗贼、扰民生业、蠹害百姓；五察德行孝悌、茂才异能、贤士隐居者；六察奸吏豪强兼并土地、暴虐百姓，贫弱冤苦之人不能申冤者。其四，监督决囚。大理寺处决囚犯时，御史要与相关官员一起到场监督，如发现司法机关违法及犯人有冤者，即予以纠举平冤。其五，监察录囚。

此五项职责，是其代表皇帝，临制百司，统治百官，维护皇权的主要方式和手段。[①]

宋 宋沿唐制，中央设御史台，主管有御史大夫、中丞及各种御史。但大夫、中丞多非专职，而为兼任。宋初御史分言事御史和察事御史。察事御史专司监察职能，主察中央六部，亦察六部外的在京百官。宋为加强中央集权，较重视地方监察，在路设“监司”（即转运司、提点刑狱司、提举常平司等），监察所属州县又互相监督。州设“通判”，号称“监州”，通判既非地方长官的属员，又非地方的副长官，实际上是专门监察地方长官的监察官。除监司、通判外，地方还有许多由皇帝或中央机关委派作为他们耳目的“走马承受”，亦负有监察地方行政的责任。由此，便达成收乡里之权归县，收县之权归州，收州之权归监司，再收监司之权归朝廷的目的。从而，形成以监司为主，通判、走马承受为辅的宋代地方监察体系。[②]

元 元于世祖至元五年（公元1268年）在中央设御史台（含内台、中台），负责“弹劾中书省、枢密院制国

---

① 参见杨鸿年、欧阳鑫：《中国政制史》，安徽教育出版社1989年版，第121～122页；曾宪义主编：《中国法制史》，北京大学出版社、高等教育出版社2000年版，第176～177页。

② 参见柏桦：《中国政治制度史》，中国人民大学出版社2011版，第381页；杨鸿年、欧阳鑫：《中国政制史》，安徽教育出版社1989年版，第122页。

用使司等内外百官奸邪非违，肃清风俗，刷磨诸司案牍，并监察祭祀及出使之事”。[①] 在地方，元设两个行御史台，作为中台的派出机构。两台分别是监临东南诸省的江南诸道行御史台（南台）和设于陕、甘、滇、蜀地区的陕西诸道行御史台（西台）。中台和行御史台之下，再分 22 道监察区，每道设肃政廉访司（初沿宋制，称“提刑按察司”，至元二十八年改“肃政廉访司”）。中台直接管辖“腹里”地区的“内八道”；南台管辖 10 道；西台管辖 4 道。中台、行御史台与肃政廉访司相衔接，构成了全国范围的垂直监察系统。[②]

明　明监察制度有一重要特点，即非常重视以监察立法规范监察机关的权责与活动程序。除《宪纲总例》继承和发展了汉、唐、宋、元以来的监察立法外，还制定了《六科通掌与各科分掌》，“六科通掌”主要规定了给事中的职掌权限，属总则部分；“各科分掌”规定各机构具体职责，属分则部分。由于巡按御史权力极大，代天子巡察地方，上至藩服大臣，下至府州县官，均在纠察之例，为了规范巡按御史的监察行为，防止其滥用“大事奏裁，小事立断”的权力，洪武年间（1393 年）还专门制定了

---

① 参见《元典章》卷五台纲一《内台·设立宪台格例》。

② 参见曾宪义主编：《中国法制史》，北京大学出版社、高等教育出版社 2000 年版，第 195 页。

《出巡事宜》，内容涉及科差赋役、户口、词讼、农田、道路、军需、学校，以及驿站、度量衡等诸多方面。其中专列考察官员讲读律令，反映了明初对官吏明法、依法断案的重视。

明代主要行使监察职能的机构是都察院和六科给事中。由它们分别对朝内外、京内外的职官进行全面的监察。除此之外，皇帝还经常派出巡按御史“代天子巡狩”。“其文科武举、处决重辟、审录冤刑、参拨吏农、纪验功赏，系御史独专者，巡抚亦不得干预”。[①] 巡按御史与地方上原有的按察司官互相配合，形成了双重监察体制。《明史·循吏传》认为此种监察效果极佳：“一时守令畏法，洁己爱民，以当上指，吏治涣然丕变矣。下逮仁、宣、抚循休息，民人安乐，吏治澄清者百余年”。

明代监察官受到重视，多选德行显著、学识优长、老成练达之士任职。朱元璋早在洪武元年（1368 年）即下诏，“监察御史、提刑按察司，耳目之寄，肃清百司，今后慎选贤良方正之人，以副朕意”。[②] 后永乐七年，成祖又谕臣下，“御史为朝廷耳目之寄，宜用有学识通达治体者”。[③] 监察官如违法失职，则加重处罚。明代监察依法察吏虽有

---

① 《明会典》卷二一一，《都察院·抚按通例》。

② 《明会典》卷二〇九，《都察院·急缺选用》。

③ 《明会典》卷三三，《职官五》。

其长处，但是明代“专制主义高度发展所造成的宦官专政，严重败坏了吏治，限制了监察机关的作用，阻挠了监察法的实施，最终导致明朝的覆亡”。[1]

清　清初，监察沿明制，仍设都察院，在世祖顺治元年（1644 年），改都察院原主管丞政为左都御史、参政为左副都御史。左都御史、左副都御史均为都察院长官，掌查核官常、整饬官纪。凡政事得失，官方邪正，有关国计民生之大事者，皆得言之。大狱重囚，皆吏部、大理寺谳平之。

清监察体系中，六科给事中及十五道监察御史具有重要地位。六科给事中隶属于都察院（明代六科给事中由皇帝直接指挥，代表皇帝监察六部各司官吏），官品不高，但权力很大。各科职守如下：吏科分稽铨衡，注销吏部署天府文卷；户科分稽财赋，注销户部文卷；礼科分稽典礼，注销礼部宗人府、理藩院、太常寺、光禄寺、鸿胪寺、国子监、钦天监文卷；兵科分稽戎政，注销兵部、太仆寺、銮仪卫文卷；刑科分稽刑名，注销刑部、通政使司、大理寺文卷；工科分稽工程，注销工部文卷。

十五道监察御史亦隶属于都察院。御史原分设十四道，而以河南、江南、浙江、山西、山东、陕西为六掌道，分

---

① 参见张晋藩：《中国法制史》，商务印书馆 2017 年版，第 341 ~ 343 页。

稽在京诸司及各辖地的刑名，河南道仍参治都察院事，京畿道仅司照刷卷宗。六掌道或设二员或设一员为协理，依次递迁。其他各道称坐道，实则皆不理本道之事。高宗乾隆十四年（公元1749年）监察御史除分管在京各司外，还同时临各道司监察之职。后京畿道改列在河南道之前，可以互相交换所掌，官署亦可以对换，于是便有十五道。[①]

清对地方的监察方面，中央直控的监察体系与地方各级逐层控制的监察体系紧密结合在一起。其所设布政使、按察使、分守道、分巡道，均职在监督府县各官，通称“监司”，并总成于督抚。总督和巡抚主持本省各官的“大计”考课。府县的长官也有责任督察所属，同时直接对督抚负责。总督与巡抚之间也有责任互相监察。清雍正、乾隆等帝也经常督责有关督抚“密奏”对方情况。在现存的《朱批奏折》中有许多这样的事例。这样，自督抚到府、州、县长官，均置身于被“密查”和受“密奏”的网络之中，不敢不有所检点警惕，而对其下属发生的违法违纪问题，也必应负一定责任，依情节轻重和关联疏密，会受到一定处分，重至革职议罪，从而不敢放松对各级属官的监督查核。这种责任追究机制，目的在于加强各级职官之间的相互稽查监督，防止上下勾结庇护，结党营私，以保证

① 参见杨鸿年、欧阳鑫：《中国政制史》，安徽教育出版社1989年版，第133~135页。

国家机器的正常运转。[1]

二、北洋政府和国民政府时期的监察制度

（一）北洋政府时期

1911 年，孙中山领导辛亥革命推翻清王朝、建立中华民国后，仿照西方创设国家机构和政治制度，不设统一和独立的监察体制，由议会兼掌监察。但“议会本职，在于立法。以之监察，不独旷耗时日于行政之琐屑，抑且陷立法机关于政争之旋涡，失公正立法之真正义矣”。[2] 故之后孙中山倡“五权宪法”，监察为五院中独立一院。

北洋政府设平政院，既管监察，“察理行政官吏之违法不正行为”，[3] 又负责行政审判，行使行政法院职能。平政院设于 1914 年 3 月，直隶于大总统。平政院下辖的肃政厅掌管监察，其长官由大总统任命，下辖肃政史 16 名，负责纠弹上自内阁，下至司员的所有行政官吏违宪、违法、行贿受贿、营私舞弊、溺职殃民事件。肃政厅还监督执行平政院对行政诉讼案件的裁决。肃政厅提出的弹劾与督察文，均呈大总统核定后，交平政院审理；属于惩戒事项者，再呈大总统批准，交各主管官署行之。北洋政府时期，虽

---

① 参见柏桦：《中国政治制度史》，中国人民大学出版社 2011 版，第 382 页。

② 参见“监察院监察制度编纂处”编：《监察制度史要》（1933 年），第 110 页。

③ 参见《平政院编制令》（1914 年 3 月 31 日公布）。

然在形式上有这些监察制度之设，但“在军阀时代，法治未立，虽有此机关，实际仍等虚设也”。[①] 肃政厅存在至1917年6月。当年，张勋复辟帝制后即撤销肃政厅，以后再也没有恢复。

在地方监察方面，北洋政府于1913年1月在省与县之间设观察使署，主要职责是监督所辖官吏，并节制驻扎于本道内的巡防、警务队。1914年5月北洋政府公布《省官制》，将省民政长官改为巡按使，设立了巡按使署。巡按使署除管辖民政官吏和巡防军、警备队之外，主要行使监察权，直接对大总统和中央政府负责。1916年7月，巡按使署改为省长公署，性质变为省级政府而非监察机关了。[②]

（二）国民政府时期

1924年1月，国民党设立监察委员会，监察在党内任职和在政府任职的国民党员的违法失职行为。监察委员会对监察对象的违法失职行为调查核实后，报告其隶属党部，由党部进行惩戒。1925年8月，广州国民政府设立监察院，负责弹劾官吏的违法行为；另设惩吏院，负责对监察院弹劾案件的审判与惩戒。1926年5月，又裁撤惩吏院，并其职权于监察院。另外，监察院下设审计机构，负责审

---

① 参见“监察院监察制度编纂处”编：《监察制度史要》（1933年），第132页。

② 参见柏桦：《中国政治制度史》，中国人民大学出版社2011版，第383～384页。

计中央和地方的财政收支。这样，监察院同时统一行使监察、惩戒和审计职能。至1928年2月，国民政府设立直属审计院，单独行使审计权。

1928年，国民政府制定《国民政府组织法》，规定监察院设院长、副院长各1人，院长因故不能执行职务时，由副院长代理；监察院设监察委员19至29人，由监察院院长提请国民政府主席依法任免；监察院会议由监察委员组成，监察院院长为会议主席；监察委员不得兼任其他公职，监察院关于主管事项须提出议案于立法院。

1931年2月，依照孙中山“五权宪法”组建的监察院成立。监察院为中华民国的最高监察机关，行使弹劾、纠举、建议、监试、审计、调查等权力。监察院由委员29人组织而成，监察委员之中1人任院长，1人任副院长，任期6年（《中华民国宪法》第七次修正后改为总统提名，经立法院同意后任命）。监察院的功能类似于古代之御史台，防范政府机构及官员违法违纪和贪赃枉法。审计部是监察院下级机关，负责审核全国各机关之财务与总决算，审计长任期6年，由总统提名，经立法院同意任命。

根据1932年6月国民政府修订公布的《弹劾法》，监察委员对于公务员的违法、失职行为，向监察院提出弹劾案，由监察院院长交付监察委员3人审查确定立案，然后以监察院的名义交付有关承接机关处理。据统计，1930

年2月至1946年8月，监察院共提出弹劾案并经审查立案、移交有关部门惩戒的有1509件，被弹劾者2678人，其中包括行政院长、部会首长、省政府主席、厅长、县长等。不过，被弹劾者不一定接受惩处（接受惩处的不足弹劾人数的一半）。由于弹劾公开，被弹劾者的申辩也公开，舆论对政府的压力很大。故后来在抗战期间，“国民党中央政治委员会”下令，未经惩戒机关作出处分的弹劾案不得公开，从而使“弹劾权实际运用上失去了许多光彩”。①

1934年后，国民政府将全国划分为若干个监察区（最少时有14区，最多时有19区），作为监察院的派出机构，每区设1个监察使署，置监察使1人，由监察院监察委员兼任，巡回监察本区行政，负责纠弹区内地方机关和官吏。1940年，监察院还设立战区巡察团，分赴各战区进行监察（后于1946年撤销）。

1945年抗日战争胜利后，国民政府开始“行宪”。1948年3月在南京举行“行宪”国民大会。之后在监察院设立10个委员会。监察院沿袭古代御史分巡的做法，将各地监察使署改为监察委员行署，监察使改为监察委员，代表中央政府行使监察权，可以进行视察、调查、弹劾、纠举、

① 参见陈之迈：《中国政府》（第二册），商务印书馆1947年版，第246页。

建议等。国民政府对在监察人员任命、监察委员的人身和言论保障、监察权行使上均给予保障，并规定了察事轮换、回避等制度。监察人员数量更是扩大到200多人。虽然监察体系日趋完备，法律规范完备，人员也看似精良，但没有多少实权，未能发挥应有的作用。抗战后期，内忧外患，政局动荡，政府涣散，官僚腐败，社会多有呼吁加强监察院监督的声音。如对孔祥熙在任中央银行总裁及财政部长和吕咸任国库局局长期间私分美金公债，黄炎培、傅斯年等参政员曾在国民参政会上提出质问案，于右任作为监察院院长也提出了弹劾案，但结果最终也只是孔吕二人辞去职务。此外，监察院也曾对行政院院长宋子文、中央银行总裁贝祖贻决定通过抛售黄金来吸收社会上过量流通的法币，但却被金融机关和党政军各机关大量买进，使得黄金价格暴涨，经济陷入崩溃一事提出弹劾，但最终也只以二人辞职了事。[①] 可见，国民政府时期的监察机关在有关开明人士（如于右任，他曾于1930年至1949年一直任监察院院长）的主持下，在行使监察职能上也曾动过“真格”，但由于整个国民党政府的腐败，这种“真格”也最终只能“望腐兴叹”，无可奈何。

① 参见柏桦：《中国政治制度史》，中国人民大学出版社2011版，第385页。

三、中华人民共和国的监察制度（含中国共产党纪检制度）

考察中华人民共和国国家监察制度的发展历史，必须和中国共产党的纪律检查制度结合起来。[①] 而要考察中华人民共和国成立后的纪检制度的发展历史，必须和中华人民共和国成立前党的纪检监察制度结合起来。只有这样，才能揭示新中国纪检监察制度的社会和历史背景，把握其发展演进的规律。因为中华人民共和国的国家监察制度是在新民主主义革命时期中国共产党创立的纪检监察制度的基础上建立、发展和逐步完善起来的。

下文分为两大部分：第一部分研究中华人民共和国成立前（1921 年至 1949 年）中国共产党纪检监察制度的历史沿革；第二部分研究中华人民共和国成立后（1949 年至今）国家监察制度（包括党的纪检制度）的发展历程。

---

① 关于中国共产党成立以来党的纪检监察制度的发展沿革，四川理工学院范光杰等三位学者曾写过一篇文章，将这个历程分为五个阶段：1921 年至 1949 年为第一阶段，是党的纪检监察制度初步创立时期；1949 年至 1966 年为第二阶段，是党的纪检监察制度正式建立时期；1966 年至 1978 年为第三阶段，是党的纪检监察制度的曲折发展时期；1978 年至 1992 年为第四阶段，是党的纪检监察制度的恢复重建时期；1992 年至现在为第五阶段，是党的纪检监察制度走向成熟的时期。参见范光杰、李成学、赵平：《九十年来党的纪检监察制度的沿革和特点》，载《毛泽东思想研究》2011 年第 4 期。

（一）中华人民共和国成立前（1921～1949年）中国共产党的纪检监察制度[①]

中华人民共和国成立前中国共产党的纪检监察制度可以分为三个阶段：

1. 第一阶段（1921～1927年）

1921年，中国共产党成立。党的一大通过了我党第一个纲领，共15条，确定了党的名称、纲领和组织制度，纲领中提到“地方执行委员会的财政、活动和政策，必须受中央执行委员会的监督”。1922年，党的二大制定了我党第一个党章，党章专门设置“纪律”一章，尽管当时没有设立专门机构执行纪检监察职能，但党章专章规定“纪律”说明党在成立初期已经认识到监督和纪律的重要性。1927年，中共五大第一次选举产生了党内维护和执行纪律的专门机关——中央监察委员会，这是我党历史上首次设立的纪律检查机构。[②] 同年6月，党中央政治局通过《中国共产党第三次修正章程决案》，该决议案设监察委员会

---

① 本部分关于中华人民共和国成立前中国共产党纪检监察制度的历史沿革的资料大部分转引自范光杰等著《九十年来党的纪检监察制度的沿革和特点》一文。

② 中共五大选举产生的中央监察委员会由正式委员7人（王荷波、张佐臣、许伯昊、杨匏安、刘峻山、周振声、蔡以忱）和候补委员3人（杨培森、萧石月、阮啸仙）组成，主席是王荷波，副主席杨匏安。参见王谦：《中共第一个中央纪检机构诞生始末》，载《文史精华》2008年第6期。

专章，规定："为巩固党的一致及权威起见，在全国代表大会及省代表大会选举中央及省监察委员会""中央及省监察委员，不得以中央委员及省委员兼任""中央及省监察委员，得参加中央及省委员会议，有发言权但无表决权。遇必要时，得参加相当的党部之各种会议""中央及省委员会，不得取消中央及省监察委员会之决议；但中央及省监察委员会之决议，必须得中央及省委员会之同意，方能生效与执行……"。[①] 从上述规定看，当时党对于成立纪检机构的目的及机构的设置、职权和地位等，均有比较明确的认识。但是，由于党的纪检机关是首次设立，缺乏经验，决议案没有规定监察委员会的具体任务和具体工作权限，再加上当时处于革命低潮时期，大批共产党员包括中央监察委员会主席王荷波都惨遭国民党反动派杀害，因而，中央监察委员会未能全面开展活动和履行职责。尽管如此，但中共五大选举产生的中央监察委员会和《中国共产党第三次修正章程决案》为我党以后的纪检机构的发展和完善奠定了基础。

2. 第二阶段（1928～1944年）

1928年，中共六大通过的党章专设了"党的纪律"一章，取消了原"监察委员会"一章而改设"审查委员会"

---

① 参见中央档案馆编：《中共中央文件选集》（第3册），中共中央党校出版社1989年版，第151～152页。

一章，规定：“为监督各级党部之财政，会计及各机关之工作起见，党的全国大会、省县市代表大会选举中央或省县市审查委员会。”[①] 1933 年 9 月 17 日，中共中央发布《关于成立中央党务委员会及中央苏区省县监察委员会的决议》，确定“在党的中央监察委员会未成立以前，特设立中央党务委员会，各省县于最近召集的省县级党代表大会时选举产生省县级监察委员，成立各省县监察委员会”，以“维护无产阶级政党铁的纪律，正确的执行铁的纪律，保证党内思想和行动的一致，监视党章和党决议的实行，检查违反党的总路线的各种不正确的倾向与官僚主义及腐化现象等，并与之作无情的斗争”。[②] 1934 年 1 月，中共六届五中全会选举了中央党务委员会（李维汉任书记），负责处理党籍和对党员的处分问题，实际上成为了党内纪律检查的职能机关。1938 年 11 月 6 日，中共六届六中全会《关于各级党委暂行组织机构的决定》规定：“由各中央局决定，在区党委之下，得设监察委员会”，[③] 并对监察委员会的产生、职权等作出具体规定。

---

① 参见中央档案馆编：《中共中央文件选集》（第 4 册），中共中央党校出版社 1989 年版，第 480 页。

② 参见中央档案馆编：《中共中央文件选集》（第 9 册），中共中央党校出版社 1991 年版，第 340 页。

③ 参见中央档案馆编：《中共中央文件选集》（第 11 册），中共中央党校出版社 1991 年版，第 771 页。

3. 第三阶段（1945～1949 年）

1945 年6 月，中共七大党章专设“党的监督机关”一章，规定：“党的中央委员会认为必要时，得成立党的中央监察委员会及各地方党的监察委员会”“中央监督委员会，由中央全体会议选举之。各地方党的监察委员会，由各该地方党委全体会议选举，并由上级组织批准之”“中央及地方监察委员会的任务与职权，是决定或取消对党员的处分，受理党员的控诉”“党的各级监察委员会，在各该级党的委员会指导下进行工作”。[①] 这一规定明确了党的监察机关的产生方式、任务、职权与领导体制。

（二）中华人民共和国成立后（1949 年至今）国家监察制度（包括党的纪检制度）的发展[②]

中华人民共和国成立后国家监察制度（包括党的纪检制度）的发展可以分为五个阶段：

1. 第一阶段（1949～1965 年）

1949 年 9 月 29 日，中国人民政治协商会议第一届全体会议通过的《中国人民政治协商会议共同纲领》规定，“在县市以上的各级人民政府内，设人民监察机关，以监

---

① 参见中央档案馆编：《中共中央文件选集》（第 15 册），中共中央党校出版社 1991 年版，第 133 页。

② 本节关于中华人民共和国成立后国家监察制度的历史发展的资料大部分转引自洪宇、任建明等著《国家监察体制的历史演进与改革方向》一文。该文载《理论视野》2017 年第 7 期。

督各级国家机关和各种公务人员是否履行其职责，并纠举其中之违法失职的机关和人员”“人民和人民团体有权向人民监察机关或人民司法机关控告任何国家机关和任何公务人员的违法失职行为”。[①] 与此相适应，中国人民政治协商会议第一届全体会议通过的《中华人民共和国中央人民政府组织法》亦规定，政务院设人民监察委员会。人民监察委员会负责监察政府机关和公务人员是否履行其职责。[②] 政务院设立的人民监察委员会的职责包括：“监察全国各级国家机关和各类公务人员是否违反国家政策、法律、法令或损害人民及国家的利益，并检举纠正其中违法失职的机关和人员；指导全国各级监察机关的监察工作，颁发决议和命令，并检查其执行；接受及处理人民和人民团体对各级国家机关和各种公务人员违法失职行为的控告。”[③] 之后，地方各级人民政府亦逐步建立起人民监察委员会，到1952年底，从中央到地方的国家行政监察制度初步形成。

由于国家监察和党的纪检工作存在交叉和重复，1952年，中共中央发出《关于加强纪律检查工作的指示》，规定“各级党委的纪律检查委员会与各级人民监察委员会可酌情实行合署办公”。安徽省最早试行省纪检与省人民监

---

① 参见《中国人民政治协商会议共同纲领》第十九条。

② 参见《中华人民共和国中央人民政府组织法》第十八条。

③ 参见中共中央组织部、中共中央党史研究室、中央档案馆编：《中国共产党组织史资料》附卷1，中共党史出版社2000年版，第78页。

察委员会合署办公，之后下级部分单位也开始合署办公。1954 年 9 月，国务院进行机构调整，人民监察委员会改为监察部，负责维护国家纪律，贯彻政策法令，保护国家财产。1955 年底，安徽省党政监察机构开始分开办公，但在党的八届二中全会关于增产节约紧缩编制的号召下，1957 年又恢复合署办公。1958 年底到 1959 年初，全国大部分省（市）开始试行党政监察机构合署或合并。[①] 1959 年，监察部被撤销，地方各级政府的监察机构与各级党的监察委员会合并[②]，党的监察机关既管党的纪律监督又管政纪监察。[③]

---

① 参见彭勃：《关于建国以来监察体制的探索与实践》，载《当代中国史研究》1995 年第 1 期。

② 中国共产党中央纪律检查委员会于 1949 年成立，1955 年改名为中央监察委员会。

③ 关于中华人民共和国成立后党的纪检工作，中央文献研究室编纂的《建国以来重要文献选编》有较详细介绍：1949 年 11 月 9 日，中共中央曾发出《关于成立中央及各级党的纪律检查委员会的决定》，决定成立中央及各级党的纪律检查委员会，并决定由朱德任中央纪律检查委员会书记。1955 年 3 月 31 日，中央通过《中国共产党全国代表会议关于成立党的中央和地方监察委员会的决议》，该决议指出，“目前党的各级纪律检查委员会的组织和职权已不能适应在阶级斗争的新时期加强党的纪律的任务，因此中国共产党全国代表会议决定成立党的中央的和地方各级的监察委员会，代替中央的和地方各级的党的纪律检查委员会，借以加强党的纪律，加强反对党员中各种违法乱纪现象的斗争”。该决议明确规定了各级监察委员会的产生方式、领导体制、主要任务和职责权限。1956 年，中共八大党章从产生方式、领导体制和任务职权三方面对党的监察机关作出规定。八届一中全会重新选举产生了由董必武等 21 人组成的中共中央监察委员会。1962 年八届十中全会《关于加强党的监察机关的决定》规定：“加强中央和地方各级的监察委员会，扩大各级监察委员会委员的名额”“中央监察委员会可以派出监察组常驻国务院所属各部门”“各省、市自治区党的监察委员会，在必要的时候，可以派监察组和监察员驻省、市、自治区人民委员会所属的各部门进行工作”。

国家监察制度与国家检察机关的反贪反渎职能紧密联系。1949 年 10 月，最高人民检察署成立，隶属于中央人民政府委员会，其职能之一即是对国家机关工作人员的贪污受贿和渎职侵权行为进行法律监督。最高人民检察署设立第一处负责一般监督工作。[①] 但由于缺少专业人才，在最初阶段，检察署的工作进展缓慢，在反腐败工作中只起到了较小的作用。1954 年，最高人民检察院成立，其根据《中华人民共和国人民检察院组织法》调整内设机构，按照各项法律监督职权进行分工，设置了一般监督厅，继续负责反贪污贿赂和反渎职侵权两项工作。1962 年，最高人民检察院再次调整内设机构，内设三个业务厅，其中三厅负责查处严重违法乱纪行为等工作。

2. 第二阶段（1966～1976 年）

“文革”期间，不仅纪检监察制度被废止，国家检察机关也遭受重创。在“砸烂公检法”的口号下，检察监督制度亦遭到彻底破坏。

3. 第三阶段（1977～1989 年）

1977 年 8 月，中共十一大通过的新党章重新规定设置党的纪律检查机关——纪律检查委员会。但“文革”以

---

① 参见王松苗、王丽丽：《检察机关内设机构的风雨变迁：对高检院 24 个职能部门历史沿革的初步梳理》，载《检察日报》2009 年 10 月 12 日。

后，党和国家纪检监察制度真正重大的转折始于1978年12月党的十一届三中全会。这次中央全会选举产生了以陈云同志为中央纪委第一书记，邓颖超同志为第二书记，胡耀邦同志为第三书记，黄克诚同志为常务书记的中央纪律检查委员会。1979年1月，中央纪委召开第一次全会，讨论通过了《中共中央纪律检查委员会关于工作任务、职权范围、机构设置的规定》，对中央纪律检查委员会的工作作出了全面部署。自此，党的纪检工作重新焕发了生机活力。1982年中共十二大选举了132人组成中央纪律检查委员会。[①] 十二大通过的党章对于党的纪律检查机构的设置及职权、任务都作出了新的规定，使纪律检查委员会有了更完整的制度。1987年中共十三大选举产生了69人组成的纪律检查委员会，十三大通过的“党章修正案”取消了党的中央纪律检查委员会第一书记必须从中央政治局常委中产生的规定。随后的中纪委第一次全体会议选举出以乔石为书记的中纪委常委会。[②]

改革开放之后，在党的纪检制度恢复的同时，行政监察部门也开始恢复重建。1986年底，国家决定恢复行政监察体制。1987年，监察部成立。监察部的主要职责是监督

---

① 中共十二大选举产生的中纪委由11名常务委员组成，陈云为第一书记、黄克诚为第二书记、王鹤寿为常务书记。

② 十三届中纪委常委会由8人组成，乔石任书记，陈作霖、李正亭、肖洪达任副书记。

检查国务院各部门及其工作人员、省级政府的主要负责人和中央直属企事业单位中国家行政机关任命的领导干部贯彻执行国家法律、法规和政策以及决定、命令的情况；受理对其违反国家法律、法规以及违反政纪行为的检举、控告；调查处理其违反国家法律、法规以及违反政纪的行为，受理其不服行政处分的申诉，以及法律、法规规定的其他由监察部受理的申诉。根据《国务院关于在县以上地方各级人民政府设立行政监察机关的通知》，到1988年底，省、地、县三级地方政府的监察机关均先后完成组建。当时的监察机关与纪委遵循党政分开原则，监察机关负责执行行政纪律的监督，其工作对象主要是国家机关的公务人员；纪委负责党纪监督，主要处理各类机关团体、企事业单位中党员的违纪案件，由于我国的公务员大部分都是党员，职能其实很难完全分开。

“文革”结束后，国家检察监督也开始恢复。1978年“七八宪法”规定，在国家机构中恢复设置人民检察院。随后，最高人民检察院成立，同时组建地方各级人民检察院。①1979年颁布的刑事诉讼法规定，人民检察院负责对贪污罪、侵犯公民民主权利罪、渎职罪的立案侦查和提起公诉，为检察机关开展反贪污贿赂和渎职侵权工作提供了法律依

① 参见中共中央组织部、中共中央党史研究室、中央档案馆：《中国共产党组织史资料》附卷1，中共党史出版社2000年版，第742页。

据。1982 年，最高人民检察院调整内设机构，设立二厅负责原法纪检察厅和经济检察厅业务。1988 年，全国人大常委会通过了《关于惩治贪污罪贿赂罪的补充规定》，首次在单行刑法中将贪污贿赂犯罪规定为一类犯罪。同年，将 1982 年以来的二厅分设为经济检察厅和法纪检察厅，分别负责反贪污贿赂和渎职侵权的立案侦查和公诉。为了更好地领导各级检察机关查处贪污贿赂案件，1989 年 8 月，最高检将经济检察厅更名为贪污贿赂检察厅，职能不变。同年，在最高人民检察院的支持下，广东省试点成立了全国首个人民检察院反贪污贿赂工作局。[①] 随后，全国其他省区市也相继成立了反贪局。

4. 第四阶段（1990 ~2012 年）

1990 年，国务院发布了规范行政监察制度的第一个行政法规《中华人民共和国行政监察条例》，行政监察走上了有法可依的轨道。《中华人民共和国行政监察条例》规定了行政监察机构的设置、管辖、职权和监察程序等，为我国行政监察工作提供了全方位的法律规范。1997 年，第八届全国人大常委会第二十五次会议将行政监察条例上升为《中华人民共和国行政监察法》，推动了行政监察的进一步法制化。2010 年，第十一届全国人大常委会第十五次

---

① 郑博超：《反贪局挂牌，反腐步入正规化》，载《检察日报》2012 年 1 月 9 日。

会议对行政监察法进行了部分内容的修改，进一步明确了监察对象、监察方式和对派驻机构的统一管理等内容。《行政监察法》共设7章51条。第一章　总则，规定行政监察法的立法目的、依据；监察机关的性质、任务；监察原则，如依法独立行使职权原则、重证据、重调查研究原则、适用法律和行政纪律人人平等原则、教育与惩处相结合原则、监督检查与制度建设相结合原则、监察工作依靠群众原则等。第二章　监察机关和监察人员，规定监察机关的体系、上下级关系、监察人员的任职要求、职位保障和有关履职要求，如遵纪守法、忠于职守、秉公执法、清正廉洁、保守秘密以及公务回避等。第三章　监察机关的职责，规定国务院监察机关和县级以上地方各级人民政府监察机关的管辖及监察机关应履行的职责：检查国家行政机关在遵守和执行法律、法规和人民政府的决定、命令中的问题；受理对国家行政机关及其公务员和国家行政机关任命的其他人员违反行政纪律行为的控告、检举；调查处理国家行政机关及其公务员和国家行政机关任命的其他人员违反行政纪律的行为；受理国家行政机关公务员和国家行政机关任命的其他人员不服主管行政机关给予处分决定的申诉与法律、行政法规规定的其他由监察机关受理的申诉，以及法律、行政法规规定由监察机关履行的其他职责。第四章　监察机关的权限，规定监察机关履行职责时有权采取的措施（如要求监察对象提供材料和进行查阅复制、要求监察对象作出解释说明、责令监察对象停止违法违纪行为）、监察机关的主要调查手段（如扣留、封存、责令涉嫌单位和涉嫌人员调查期间不得变卖、转移有关财物、“双指”、查询、保全、冻结等），以及监察建议权（如建议纠正；撤销违法决定、命令；采取补救措施；暂停涉嫌人员执行职务；纠正不当录用、任免、奖惩决定；责令公开道歉；停职检查；引咎辞职；责令辞职、免职；给予行政处罚，以及完善廉政勤政制度等）、监察决定权（如作出行政处分、没收、追缴、责令退赔的决定）。第五章　监察程序，规定监察机关进行检查、调查、提出监察建议、作出监察决定的过程、步骤、时限和应遵守的规则；以及被处分人员不服处分提出申诉和监察机关对之复查、复核、复审的过程、步骤、时限等。第六章　法律责任，分别规定监察对象、监察机关、监察人员以及其他违法人员违反该法的各种情形及其法律责任。第七章　附则，规定本法对法律法规授权的组织及其从事公务的人员和行政机关委托的组织及其从事公务的人员的适用，以及本法的施行日期。2004年，国务院颁布《中华人民共和国行政监察法实施条例》，对行政监察法实施的有关问题做出了解释性或补充性的规定，并确定监察机关对派驻机构和人员实行统一管理。

为了减少行政监察与党的纪律检查机关的职能交叉重

叠、提高工作效率，1993 年，党中央、国务院决定中纪委与监察部合署办公，实行一套工作机构、两个机关名称的体制，同时履行党的纪律检查和政府行政监察两种职能，对党中央全面负责。监察部仍属于国务院序列，受国务院领导。地方各级纪检、监察机构随后也按中央要求实行合署办公、调整内设机构。党的十六大之后，中央调整了反腐败战略，强调从源头防治腐败。2005 年，中央印发了《建立健全教育、制度、监督并重的惩治和预防腐败体系实施纲要》，确立了“标本兼治、综合治理、惩防并举、注重预防”的反腐倡廉工作方针。为了推进预防腐败工作的开展，也为了履行《联合国反腐败公约》义务，促进预防腐败及相关国际合作，2007 年 9 月国家预防腐败局成立。该局隶属于国务院，负责全国的预防腐败工作。国家预防腐败局下设办公室作为办事机构，该办公室同时又是中纪委、监察部的内设预防腐败室。国家预防腐败局成立之后，省级以下地方政府的预防腐败机构也相继组建。到 2012 年，全国已建立了 18 个省级预防腐败机构。[①]

① 这一阶段，中纪委机构变动的情况如下：1997 年 9 月，中共十五大选举产生由 115 名委员组成的中央纪律检查委员会，同时选出 15 名常委，书记尉健行，副书记韩抒滨、曹庆泽等 6 人；2002 年 11 月，中共十六大选举产生由 121 名委员组成的中央纪律检查委员会，其中 19 名常委，书记吴官正，副书记何勇、夏赞忠等 7 人；2007 年 10 月，中共十七大，选举产生由 127 名委员组成的中央纪律检查委员会，其中 19 名常委，书记贺国强，副书记何勇、马馼等 9 人。

此外，从二十世纪九十年代开始，最高人民检察院也不断调整内设机构，构建由反贪、反渎和预防职务犯罪机构组成的反腐败组织架构，加强检察机关在反腐败中的作用。1995 年，贪污贿赂检察厅更名为反贪污贿赂总局。2000 年 2 月，法纪检察厅更名为渎职侵权检察厅。2005 年 5 月，最高人民检察院决定地方各级检察院渎职侵权检察机构统一更名为反渎职侵权局。为了贯彻中央关于标本兼治、惩防并举的治理腐败方针，早在 1989 年，广东省检察院就率先建立了全国第一个预防贪污贿赂犯罪的专门机构——反贪污贿赂局预防处。1992 年，最高人民检察院在贪污贿赂检察厅内设预防处，1995 年变更为反贪污贿赂总局内设的贪污贿赂犯罪预防中心。2000 年 8 月，最高人民检察院成立了职务犯罪预防厅，从而构建起检察系统内的比较完善的反腐败组织体制。

5. 第五阶段（2012 ~ 2018 年）

2012 年 11 月，中共十八大召开，中国特色社会主义进入新时代，中国纪检监察制度的改革和发展同样也进入新时代。十八大以来，在以习近平同志为核心的党中央的坚强领导下，纪检监察工作砥砺奋进，推动历史性变革、取得历史性成就，铸成反腐败压倒性态势、迎来党内政治生活气象更新的辉煌成就而彪炳史册。[1]

2013 年 11 月，党的十八届三中全会召开，全会通过《中共中央关于全面深化改革若干重大问题的决定》。该决定专门就加强反腐败体制机制创新和制度保障作出了五个方面的规定。其一，加强党对党风廉政建设和反腐败工作统一领导。改革党的纪律检查体制，健全反腐败领导体制和工作机制，改革和完善各级反腐败协调小组职能。其二，落实党风廉政建设责任制，党委负主体责任，纪委负监督责任，制定实施切实可行的责任追究制度。各级纪委要履行协助党委加强党风建设和组织协调反腐败工作的职责，加强对同级党委特别是常委会成员的监督，更好发挥党内监督专门机关作用。其三，推动党的纪律检查工作双重领导体制具体化、程序化、制度化，强化上级纪委对下级纪委的领导。查办腐败案件以上级纪委领导为主，线索处置和案件查办在向同级党委报告的同时必须向上级纪委报告。各级纪委书记、副书记的提名和考察以上级纪委会同组织部门为主。其四，全面落实中央纪委向中央一级党和国家机关派驻纪检机构，实行统一名称、统一管理。派驻机构对派出机关负责，履行监督职责。改进中央和省区市巡视

---

① 本部分关于中国特色社会主义新时代（第五阶段）纪检监察制度改革发展的资料主要引自张国栋：《推动全面从严管党治党的重要一招：党的十八大以来纪律检查和国家监察体制改革综述》一文，该文载《中国纪检监察杂志》2017 年第 20 期。

制度，做到对地方、部门、企事业单位全覆盖。其五，健全反腐倡廉法规制度体系，完善惩治和预防腐败、防控廉政风险、防止利益冲突、领导干部报告个人有关事项、任职回避等方面法律法规，推行新提任领导干部有关事项公开制度试点。健全民主监督、法律监督、舆论监督机制，运用和规范互联网监督。

2014 年，中央在成立全面深化改革领导小组的同时，设置纪律检查体制改革专项小组。中纪委进行了机构改革，纪检监察室总数由原先的 8 个增加到 12 个，占内设机构总量的近一半；新设纪检监察干部监督室，以便及时“清理门户”。之后，中央政治局审议通过《党的纪律检查体制改革实施方案》，明确了改革的时间表和路线图，要求推动纪检工作双重领导体制具体化、程序化、制度化，落实查办腐败案件以上级纪委领导为主，各级纪委书记、副书记提名和考察以上级纪委会同组织部门为主，强化上级纪委对下级纪委的领导等。

2015 年，十八届中纪委第五次全会提出对各级纪委的七项要求：其一，从严治党、依规治党，加强党的纪律建设。党员领导干部特别是高级领导干部，必须遵守政治规矩，党决不容忍结党营私、拉帮结派；决不允许自行其是、阳奉阴违。其二，深化纪律检查体制改革，推动组织和制度创新。实行下级纪委向上级纪委报告线索处置和案件查办情况制度；加大对国有企业的巡视力度，实现对中管国有重点骨干企业巡视全覆盖；实现派驻全覆盖。其三，深入落实主体责任，强化责任追究；要突出问责，坚持“一案双查”，对违反政治纪律和政治规矩、组织纪律，“四风”问题突出，发生顶风违纪问题，出现区域性、系统性腐败案件的地方、部门和单位，既追究主体责任、监督责任，又严肃追究领导责任。其四，深入落实中央八项规定精神，驰而不息纠正“四风”；坚决查处公款吃喝、旅游和送礼等问题。加强对中央关于厉行节约、公务接待、公车配备等规定执行情况的监督检查，把违反中央八项规定精神列入纪律审查重点，对顶风违纪者所在地区、部门和单位党委、纪委进行问责。其五，持续保持高压态势，坚决遏制腐败蔓延势头；突出纪律审查重点，严肃查办发生在领导机关和重要岗位领导干部中插手工程建设、土地出让，侵吞国有资产，买官卖官、以权谋私、腐化堕落、失职渎职案件。把违反政治纪律、组织纪律等行为作为审查重点，对转移赃款赃物、销毁证据，搞攻守同盟、对抗组织审查的行为，必须纳入依规惩处的重点内容。加大对群众身边不正之风和腐败问题查处力度。其六，加强国际合作，狠抓追逃追赃，把腐败分子追回来绳之以法。其七，落实监督责任，建设忠诚、干净、担当的纪检监察干部队伍；要充分发挥纪检监察干部监督机构的作用，完善自我监督机制，健全内控措施，严肃查处跑风漏气、以案谋私行为，坚决防止“灯下黑”。

2016年11月，中共中央办公厅印发《关于在北京市、山西省、浙江省开展国家监察体制改革试点方案》（以下简称《试点方案》），国家监察体制改革试点渐次铺开。《试点方案》强调，国家监察体制改革是事关全局的重大政治改革，是国家监察制度的顶层设计。深化国家监察体制改革的目标，是建立党统一领导下的国家反腐败工作机构。实施组织和制度创新，整合反腐败资源力量，扩大监察范围，丰富监察手段，实现对行使公权力的公职人员监察全面覆盖，建立集中统一、权威高效的监察体系，履行反腐败职责，深入推进党风廉洁建设和反腐败斗争，构建不敢腐、不能腐、不想腐的有效机制。《试点方案》指出，党中央决定在北京市、山西省、浙江省开展国家监察体制改革试点工作。由省（市）人民代表大会产生监察委员会，作为行使国家监察职能的专责机关。党的纪律检查委员会、监察委员会合署办公。紧接着，第十二届全国人大常委会第二十五次会议即通过决定：在北京市、山西省、浙江省及所辖县、市、市辖区设立监察委员会，行使监察职权。将试点地区人民政府的监察厅（局）、预防腐败局及人民检察院查处贪污贿赂、失职渎职以及预防职务犯罪等部门的相关职能整合至监察委员会。试点地区监察委员会由本级人民代表大会产生。监察委员会主任由本级人民代表大会选举产生；监察委员会副主任、委员，由监察委员会主任提请本级人民代表大会常务委员会任免。监察委员会对本级人民代表大会及其常务委员会和上一级监察委员会负责，并接受监督。试点地区监察委员会按照管理权限，对本地区所有行使公权力的公职人员依法实施监察；履行监督、调查、处置职责，监督检查公职人员依法履职、秉公用权、廉洁从政以及道德操守情况，调查涉嫌贪污贿赂、滥用职权、玩忽职守、权力寻租、利益输送、徇私舞弊以及浪费国家资财等职务违法和职务犯罪行为并作出处置决定，对涉嫌职务犯罪的，移送检察机关依法提起公诉。为履行上述职权，监察委员会可以采取谈话、讯问、询问、查询、冻结、调取、查封、扣押、搜查、勘验检查、鉴定、留置等措施。

2017 年 10 月，中共中央在总结北京市、山西省、浙江省改革试点工作经验基础上，决定在全国各地推开改革试点，在 2017 年年底至 2018 年年初召开的全国各省、市、县人民代表大会上产生三级监察委员会，整合反腐败资源力量，完成相关机构、职能、人员转隶，明确监察委员会职能职责，赋予惩治腐败、调查职务违法犯罪行为的权限手段，建立与执法机关、司法机关的协调衔接机制。

与此同时，全国人大常委会自 2017 年年初即开始国家监察法的立法工作，并分别于 2017 年 6 月和 12 月对监察法草案进行了两次审议。2018 年 3 月 20 日，第十三届全国人民代表大会第一次会议正式通过了《中华人民共和国监察法》并于同日公布，该法自公布之日起施行。

附录一

中华人民共和国监察法

（2018年3月20日第十三届全国人民代表大会第一次会议通过　2018年3月20日中华人民共和国主席令第3号公布　自公布之日起施行）

目　录

第一章　总　　则

第一条　为了深化国家监察体制改革，加强对所有行使公权力的公职人员的监督，实现国家监察全面覆盖，深入开展反腐败工作，推进国家治理体系和治理能力现代化，根据宪法，制定本法。

第二条 坚持中国共产党对国家监察工作的领导，以马克思列宁主义、毛泽东思想、邓小平理论、“三个代表”重要思想、科学发展观、习近平新时代中国特色社会主义思想为指导，构建集中统一、权威高效的中国特色国家监察体制。

第三条 各级监察委员会是行使国家监察职能的专责机关，依照本法对所有行使公权力的公职人员（以下称公职人员）进行监察，调查职务违法和职务犯罪，开展廉政建设和反腐败工作，维护宪法和法律的尊严。

第四条 监察委员会依照法律规定独立行使监察权，不受行政机关、社会团体和个人的干涉。

监察机关办理职务违法和职务犯罪案件，应当与审判机关、检察机关、执法部门互相配合，互相制约。

监察机关在工作中需要协助的，有关机关和单位应当根据监察机关的要求依法予以协助。

第五条 国家监察工作严格遵照宪法和法律，以事实为根据，以法律为准绳；在适用法律上一律平等，保障当事人的合法权益；权责对等，严格监督；惩戒与教育相结合，宽严相济。

第六条 国家监察工作坚持标本兼治、综合治理，强化监督问责，严厉惩治腐败；深化改革、健全法治，有效制约和监督权力；加强法治教育和道德教育，弘扬中华优秀传统文化，构建不敢腐、不能腐、不想腐的长效机制。

第二章　监察机关及其职责

第七条　中华人民共和国国家监察委员会是最高监察机关。

省、自治区、直辖市、自治州、县、自治县、市、市辖区设立监察委员会。

第八条　国家监察委员会由全国人民代表大会产生，负责全国监察工作。

国家监察委员会由主任、副主任若干人、委员若干人组成，主任由全国人民代表大会选举，副主任、委员由国家监察委员会主任提请全国人民代表大会常务委员会任免。

国家监察委员会主任每届任期同全国人民代表大会每届任期相同，连续任职不得超过两届。

国家监察委员会对全国人民代表大会及其常务委员会负责，并接受其监督。

第九条　地方各级监察委员会由本级人民代表大会产生，负责本行政区域内的监察工作。

地方各级监察委员会由主任、副主任若干人、委员若干人组成，主任由本级人民代表大会选举，副主任、委员由监察委员会主任提请本级人民代表大会常务委员会任免。

地方各级监察委员会主任每届任期同本级人民代表大会每届任期相同。

地方各级监察委员会对本级人民代表大会及其常务委员会和上一级监察委员会负责，并接受其监督。

第十条　国家监察委员会领导地方各级监察委员会的工

作，上级监察委员会领导下级监察委员会的工作。

第十一条 监察委员会依照本法和有关法律规定履行监督、调查、处置职责：

（一）对公职人员开展廉政教育，对其依法履职、秉公用权、廉洁从政从业以及道德操守情况进行监督检查；

（二）对涉嫌贪污贿赂、滥用职权、玩忽职守、权力寻租、利益输送、徇私舞弊以及浪费国家资财等职务违法和职务犯罪进行调查；

（三）对违法的公职人员依法作出政务处分决定；对履行职责不力、失职失责的领导人员进行问责；对涉嫌职务犯罪的，将调查结果移送人民检察院依法审查、提起公诉；向监察对象所在单位提出监察建议。

第十二条 各级监察委员会可以向本级中国共产党机关、国家机关、法律法规授权或者委托管理公共事务的组织和单位以及所管辖的行政区域、国有企业等派驻或者派出监察机构、监察专员。

监察机构、监察专员对派驻或者派出它的监察委员会负责。

第十三条 派驻或者派出的监察机构、监察专员根据授权，按照管理权限依法对公职人员进行监督，提出监察建议，依法对公职人员进行调查、处置。

第十四条 国家实行监察官制度，依法确定监察官的等级设置、任免、考评和晋升等制度。

第三章 监察范围和管辖

第十五条 监察机关对下列公职人员和有关人员进行监察：

（一）中国共产党机关、人民代表大会及其常务委员会机关、人民政府、监察委员会、人民法院、人民检察院、中国人民政治协商会议各级委员会机关、民主党派机关和工商业联合会机关的公务员，以及参照《中华人民共和国公务员法》管理的人员；

（二）法律、法规授权或者受国家机关依法委托管理公共事务的组织中从事公务的人员；

（三）国有企业管理人员；

（四）公办的教育、科研、文化、医疗卫生、体育等单位中从事管理的人员；

（五）基层群众性自治组织中从事管理的人员；

（六）其他依法履行公职的人员。

第十六条　各级监察机关按照管理权限管辖本辖区内本法第十五条规定的人员所涉监察事项。

上级监察机关可以办理下一级监察机关管辖范围内的监察事项，必要时也可以办理所辖各级监察机关管辖范围内的监察事项。

监察机关之间对监察事项的管辖有争议的，由其共同的上级监察机关确定。

第十七条　上级监察机关可以将其所管辖的监察事项指定下级监察机关管辖，也可以将下级监察机关有管辖权的监察事项指定给其他监察机关管辖。

监察机关认为所管辖的监察事项重大、复杂，需要由上级监察机关管辖的，可以报请上级监察机关管辖。

第四章　监察权限

第十八条　监察机关行使监督、调查职权，有权依法向有关单位和个人了解情况，收集、调取证据。有关单位和个人应当如实提供。

监察机关及其工作人员对监督、调查过程中知悉的国家秘密、商业秘密、个人隐私，应当保密。

任何单位和个人不得伪造、隐匿或者毁灭证据。

第十九条　对可能发生职务违法的监察对象，监察机关按照管理权限，可以直接或者委托有关机关、人员进行谈话或者要求说明情况。

第二十条　在调查过程中，对涉嫌职务违法的被调查人，监察机关可以要求其就涉嫌违法行为作出陈述，必要时向被调查人出具书面通知。

对涉嫌贪污贿赂、失职渎职等职务犯罪的被调查人，监察机关可以进行讯问，要求其如实供述涉嫌犯罪的情况。

第二十一条　在调查过程中，监察机关可以询问证人等人员。

第二十二条　被调查人涉嫌贪污贿赂、失职渎职等严重职务违法或者职务犯罪，监察机关已经掌握其部分违法犯罪事实及证据，仍有重要问题需要进一步调查，并有下列情形之一的，经监察机关依法审批，可以将其留置在特定场所：

（一）涉及案情重大、复杂的；

（二）可能逃跑、自杀的；

（三）可能串供或者伪造、隐匿、毁灭证据的；

（四）可能有其他妨碍调查行为的。

对涉嫌行贿犯罪或者共同职务犯罪的涉案人员，监察机关可以依照前款规定采取留置措施。

留置场所的设置、管理和监督依照国家有关规定执行。

第二十三条　监察机关调查涉嫌贪污贿赂、失职渎职等严重职务违法或者职务犯罪，根据工作需要，可以依照规定查询、冻结涉案单位和个人的存款、汇款、债券、股票、基金份额等财产。有关单位和个人应当配合。

冻结的财产经查明与案件无关的，应当在查明后三日内解除冻结，予以退还。

第二十四条　监察机关可以对涉嫌职务犯罪的被调查人以及可能隐藏被调查人或者犯罪证据的人的身体、物品、住处和其他有关地方进行搜查。在搜查时，应当出示搜查证，并有被搜查人或者其家属等见证人在场。

搜查女性身体，应当由女性工作人员进行。

监察机关进行搜查时，可以根据工作需要提请公安机关配合。公安机关应当依法予以协助。

第二十五条　监察机关在调查过程中，可以调取、查封、扣押用以证明被调查人涉嫌违法犯罪的财物、文件和电子数据等信息。采取调取、查封、扣押措施，应当收集原物原件，会同持有人或者保管人、见证人，当面逐一拍照、登记、编号，开列清单，由在场人员当场核对、签名，并将清单副本交财物、文件的持有人或者保管人。

对调取、查封、扣押的财物、文件，监察机关应当设立专用账户、专门场所，确定专门人员妥善保管，严格履行交接、调取手续，定期对账核实，不得毁损或者用于其他目的。对价值不明物品应当及时鉴定，专门封存保管。

查封、扣押的财物、文件经查明与案件无关的，应当在查明后三日内解除查封、扣押，予以退还。

第二十六条　监察机关在调查过程中，可以直接或者指派、聘请具有专门知识、资格的人员在调查人员主持下进行勘验检查。勘验检查情况应当制作笔录，由参加勘验检查的人员和见证人签名或者盖章。

第二十七条　监察机关在调查过程中，对于案件中的专门性问题，可以指派、聘请有专门知识的人进行鉴定。鉴定人进行鉴定后，应当出具鉴定意见，并且签名。

第二十八条　监察机关调查涉嫌重大贪污贿赂等职务犯罪，根据需要，经过严格的批准手续，可以采取技术调查措施，按照规定交有关机关执行。

批准决定应当明确采取技术调查措施的种类和适用对象，自签发之日起三个月以内有效；对于复杂、疑难案件，期限届满仍有必要继续采取技术调查措施的，经过批准，有效期可以延长，每次不得超过三个月。对于不需要继续采取技术调查措施的，应当及时解除。

第二十九条　依法应当留置的被调查人如果在逃，监察机关可以决定在本行政区域内通缉，由公安机关发布通缉令，追捕归案。通缉范围超出本行政区域的，应当报请有权决定的上级监察机关决定。

第三十条　监察机关为防止被调查人及相关人员逃匿境

外，经省级以上监察机关批准，可以对被调查人及相关人员采取限制出境措施，由公安机关依法执行。对于不需要继续采取限制出境措施的，应当及时解除。

第三十一条　涉嫌职务犯罪的被调查人主动认罪认罚，有下列情形之一的，监察机关经领导人员集体研究，并报上一级监察机关批准，可以在移送人民检察院时提出从宽处罚的建议：

（一）自动投案，真诚悔罪悔过的；

（二）积极配合调查工作，如实供述监察机关还未掌握的违法犯罪行为的；

（三）积极退赃，减少损失的；

（四）具有重大立功表现或者案件涉及国家重大利益等情形的。

第三十二条　职务违法犯罪的涉案人员揭发有关被调查人职务违法犯罪行为，查证属实的，或者提供重要线索，有助于调查其他案件的，监察机关经领导人员集体研究，并报上一级监察机关批准，可以在移送人民检察院时提出从宽处罚的建议。

第三十三条　监察机关依照本法规定收集的物证、书证、证人证言、被调查人供述和辩解、视听资料、电子数据等证据材料，在刑事诉讼中可以作为证据使用。

监察机关在收集、固定、审查、运用证据时，应当与刑事审判关于证据的要求和标准相一致。

以非法方法收集的证据应当依法予以排除，不得作为案件处置的依据。

第三十四条　人民法院、人民检察院、公安机关、审计机关等国家机关在工作中发现公职人员涉嫌贪污贿赂、失职渎职等职务违法或者职务犯罪的问题线索，应当移送监察机关，由监察机关依法调查处置。

被调查人既涉嫌严重职务违法或者职务犯罪，又涉嫌其他违法犯罪的，一般应当由监察机关为主调查，其他机关予以协助。

第五章　监 察 程 序

第三十五条　监察机关对于报案或者举报，应当接受并按照有关规定处理。对于不属于本机关管辖的，应当移送主管机关处理。

第三十六条　监察机关应当严格按照程序开展工作，建立问题线索处置、调查、审理各部门相互协调、相互制约的工作机制。

监察机关应当加强对调查、处置工作全过程的监督管理，设立相应的工作部门履行线索管理、监督检查、督促办理、统计分析等管理协调职能。

第三十七条　监察机关对监察对象的问题线索，应当按照有关规定提出处置意见，履行审批手续，进行分类办理。线索处置情况应当定期汇总、通报，定期检查、抽查。

第三十八条　需要采取初步核实方式处置问题线索的，监察机关应当依法履行审批程序，成立核查组。初步核实工作结束后，核查组应当撰写初步核实情况报告，提出处理建议。承办部门应当提出分类处理意见。初步核实情况报告和分类处理意见报监察机关主要负责人审批。

第三十九条　经过初步核实，对监察对象涉嫌职务违法犯罪，需要追究法律责任的，监察机关应当按照规定的权限和程序办理立案手续。

监察机关主要负责人依法批准立案后，应当主持召开专题会议，研究确定调查方案，决定需要采取的调查措施。

立案调查决定应当向被调查人宣布，并通报相关组织。涉嫌严重职务违法或者职务犯罪的，应当通知被调查人家属，并向社会公开发布。

第四十条　监察机关对职务违法和职务犯罪案件，应当进行调查，收集被调查人有无违法犯罪以及情节轻重的证据，查明违法犯罪事实，形成相互印证、完整稳定的证据链。

严禁以威胁、引诱、欺骗及其他非法方式收集证据，严禁侮辱、打骂、虐待、体罚或者变相体罚被调查人和涉案人员。

第四十一条　调查人员采取讯问、询问、留置、搜查、调取、查封、扣押、勘验检查等调查措施，均应当依照规定出示证件，出具书面通知，由二人以上进行，形成笔录、报告等书面材料，并由相关人员签名、盖章。

调查人员进行讯问以及搜查、查封、扣押等重要取证工作，应当对全过程进行录音录像，留存备查。

第四十二条　调查人员应当严格执行调查方案，不得随意扩大调查范围、变更调查对象和事项。

对调查过程中的重要事项，应当集体研究后按程序请示报告。

第四十三条　监察机关采取留置措施，应当由监察机关领导人员集体研究决定。设区的市级以下监察机关采取留置措施，应当报上一级监察机关批准。省级监察机关采取留置措施，应当报国家监察委员会备案。

留置时间不得超过三个月。在特殊情况下，可以延长一次，延长时间不得超过三个月。省级以下监察机关采取留置措施的，延长留置时间应当报上一级监察机关批准。监察机关发现采取留置措施不当的，应当及时解除。

监察机关采取留置措施，可以根据工作需要提请公安机关配合。公安机关应当依法予以协助。

第四十四条　对被调查人采取留置措施后，应当在二十四小时以内，通知被留置人员所在单位和家属，但有可能毁灭、伪造证据，干扰证人作证或者串供等有碍调查情形的除外。有碍调查的情形消失后，应当立即通知被留置人员所在单位和家属。

监察机关应当保障被留置人员的饮食、休息和安全，提供医疗服务。讯问被留置人员应当合理安排讯问时间和时长，讯问笔录由被讯问人阅看后签名。

被留置人员涉嫌犯罪移送司法机关后，被依法判处管制、拘役和有期徒刑的，留置一日折抵管制二日，折抵拘役、有期徒刑一日。

第四十五条　监察机关根据监督、调查结果，依法作出如下处置：

（一）对有职务违法行为但情节较轻的公职人员，按照管理权限，直接或者委托有关机关、人员，进行谈话提醒、批评教育、责令检查，或者予以诫勉；

（二）对违法的公职人员依照法定程序作出警告、记过、记大过、降级、撤职、开除等政务处分决定；

（三）对不履行或者不正确履行职责负有责任的领导人员，按照管理权限对其直接作出问责决定，或者向有权作出问责决定的机关提出问责建议；

（四）对涉嫌职务犯罪的，监察机关经调查认为犯罪事实清楚，证据确实、充分的，制作起诉意见书，连同案卷材料、证据一并移送人民检察院依法审查、提起公诉；

（五）对监察对象所在单位廉政建设和履行职责存在的问题等提出监察建议。

监察机关经调查，对没有证据证明被调查人存在违法犯罪行为的，应当撤销案件，并通知被调查人所在单位。

第四十六条　监察机关经调查，对违法取得的财物，依法予以没收、追缴或者责令退赔；对涉嫌犯罪取得的财物，应当随案移送人民检察院。

第四十七条　对监察机关移送的案件，人民检察院依照《中华人民共和国刑事诉讼法》对被调查人采取强制措施。

人民检察院经审查，认为犯罪事实已经查清，证据确实、充分，依法应当追究刑事责任的，应当作出起诉决定。

人民检察院经审查，认为需要补充核实的，应当退回监察机关补充调查，必要时可以自行补充侦查。对于补充调查的案件，应当在一个月内补充调查完毕。补充调查以二次为限。

人民检察院对于有《中华人民共和国刑事诉讼法》规定的不起诉的情形的，经上一级人民检察院批准，依法作出不起诉的决定。监察机关认为不起诉的决定有错误的，可以向上一级人民检察院提请复议。

第四十八条　监察机关在调查贪污贿赂、失职渎职等职务犯罪案件过程中，被调查人逃匿或者死亡，有必要继续调查的，经省级以上监察机关批准，应当继续调查并作出结论。被调查人逃匿，在通缉一年后不能到案，或者死亡的，由监察机关提请人民检察院依照法定程序，向人民法院提出没收违法所得的申请。

第四十九条 监察对象对监察机关作出的涉及本人的处理决定不服的，可以在收到处理决定之日起一个月内，向作出决定的监察机关申请复审，复审机关应当在一个月内作出复审决定；监察对象对复审决定仍不服的，可以在收到复审决定之日起一个月内，向上一级监察机关申请复核，复核机关应当在二个月内作出复核决定。复审、复核期间，不停止原处理决定的执行。复核机关经审查，认定处理决定有错误的，原处理机关应当及时予以纠正。

第六章 反腐败国际合作

第五十条 国家监察委员会统筹协调与其他国家、地区、国际组织开展的反腐败国际交流、合作，组织反腐败国际条约实施工作。

第五十一条 国家监察委员会组织协调有关方面加强与有关国家、地区、国际组织在反腐败执法、引渡、司法协助、被判刑人的移管、资产追回和信息交流等领域的合作。

第五十二条 国家监察委员会加强对反腐败国际追逃追赃和防逃工作的组织协调，督促有关单位做好相关工作：

（一）对于重大贪污贿赂、失职渎职等职务犯罪案件，被调查人逃匿到国（境）外，掌握证据比较确凿的，通过开展境外追逃合作，追捕归案；

（二）向赃款赃物所在国请求查询、冻结、扣押、没收、追缴、返还涉案资产；

（三）查询、监控涉嫌职务犯罪的公职人员及其相关人员进出国（境）和跨境资金流动情况，在调查案件过程中设置防逃程序。

第七章　对监察机关和监察人员的监督

第五十三条　各级监察委员会应当接受本级人民代表大会及其常务委员会的监督。

各级人民代表大会常务委员会听取和审议本级监察委员会的专项工作报告，组织执法检查。

县级以上各级人民代表大会及其常务委员会举行会议时，人民代表大会代表或者常务委员会组成人员可以依照法律规定的程序，就监察工作中的有关问题提出询问或者质询。

第五十四条　监察机关应当依法公开监察工作信息，接受民主监督、社会监督、舆论监督。

第五十五条　监察机关通过设立内部专门的监督机构等方式，加强对监察人员执行职务和遵守法律情况的监督，建设忠诚、干净、担当的监察队伍。

第五十六条　监察人员必须模范遵守宪法和法律，忠于职守、秉公执法，清正廉洁、保守秘密；必须具有良好的政治素质，熟悉监察业务，具备运用法律、法规、政策和调查取证等能力，自觉接受监督。

第五十七条　对于监察人员打听案情、过问案件、说情干预的，办理监察事项的监察人员应当及时报告。有关情况应当登记备案。

发现办理监察事项的监察人员未经批准接触被调查人、涉案人员及其特定关系人，或者存在交往情形的，知情人应当及时报告。有关情况应当登记备案。

第五十八条　办理监察事项的监察人员有下列情形之一的，应当自行回避，监察对象、检举人及其他有关人员也有权要求其回避：

（一）是监察对象或者检举人的近亲属的；

（二）担任过本案的证人的；

（三）本人或者其近亲属与办理的监察事项有利害关系的；

（四）有可能影响监察事项公正处理的其他情形的。

第五十九条　监察机关涉密人员离岗离职后，应当遵守脱密期管理规定，严格履行保密义务，不得泄露相关秘密。

监察人员辞职、退休三年内，不得从事与监察和司法工作相关联且可能发生利益冲突的职业。

第六十条　监察机关及其工作人员有下列行为之一的，被调查人及其近亲属有权向该机关申诉：

（一）留置法定期限届满，不予以解除的；

（二）查封、扣押、冻结与案件无关的财物的；

（三）应当解除查封、扣押、冻结措施而不解除的；

（四）贪污、挪用、私分、调换以及违反规定使用查封、扣押、冻结的财物的；

（五）其他违反法律法规、侵害被调查人合法权益的行为。

受理申诉的监察机关应当在受理申诉之日起一个月内作出处理决定。申诉人对处理决定不服的，可以在收到处理决定之日起一个月内向上一级监察机关申请复查，上一级监察机关应当在收到复查申请之日起二个月内作出处理决定，情况属实的，及时予以纠正。

第六十一条　对调查工作结束后发现立案依据不充分或者失实，案件处置出现重大失误，监察人员严重违法的，应当追究负有责任的领导人员和直接责任人员的责任。

第八章　法律责任

第六十二条　有关单位拒不执行监察机关作出的处理决定，或者无正当理由拒不采纳监察建议的，由其主管部门、上级机关责令改正，对单位给予通报批评；对负有责任的领导人员和直接责任人员依法给予处理。

第六十三条　有关人员违反本法规定，有下列行为之一的，由其所在单位、主管部门、上级机关或者监察机关责令改正，依法给予处理：

（一）不按要求提供有关材料，拒绝、阻碍调查措施实施等拒不配合监察机关调查的；

（二）提供虚假情况，掩盖事实真相的；

（三）串供或者伪造、隐匿、毁灭证据的；

（四）阻止他人揭发检举、提供证据的；

（五）其他违反本法规定的行为，情节严重的。

第六十四条　监察对象对控告人、检举人、证人或者监察人员进行报复陷害的；控告人、检举人、证人捏造事实诬告陷害监察对象的，依法给予处理。

第六十五条　监察机关及其工作人员有下列行为之一的，对负有责任的领导人员和直接责任人员依法给予处理：

（一）未经批准、授权处置问题线索，发现重大案情隐瞒不报，或者私自留存、处理涉案材料的；

（二）利用职权或者职务上的影响干预调查工作、以案谋私的；

（三）违法窃取、泄露调查工作信息，或者泄露举报事项、举报受理情况以及举报人信息的；

（四）对被调查人或者涉案人员逼供、诱供，或者侮辱、打骂、虐待、体罚或者变相体罚的；

（五）违反规定处置查封、扣押、冻结的财物的；

（六）违反规定发生办案安全事故，或者发生安全事故后隐瞒不报、报告失实、处置不当的；

（七）违反规定采取留置措施的；

（八）违反规定限制他人出境，或者不按规定解除出境限制的；

（九）其他滥用职权、玩忽职守、徇私舞弊的行为。

第六十六条　违反本法规定，构成犯罪的，依法追究刑事责任。

第六十七条　监察机关及其工作人员行使职权，侵犯公民、法人和其他组织的合法权益造成损害的，依法给予国家赔偿。

第九章　附　　则

第六十八条　中国人民解放军和中国人民武装警察部队开展监察工作，由中央军事委员会根据本法制定具体规定。

第六十九条　本法自公布之日起施行。《中华人民共和国行政监察法》同时废止。

附录二

中华人民共和国刑法（节录）*

（1979年7月1日第五届全国人民代表大会第二次会议通过　1997年3月14日第八届全国人民代表大会第五次会议修订　1997年3月14日中华人民共和国主席令第83号公布　自1997年10月1日起施行）

……

---

* 根据1998年12月29日第九届全国人民代表大会常务委员会第六次会议通过的《全国人民代表大会常务委员会关于惩治骗购外汇、逃汇和非法买卖外汇犯罪的决定》、1999年12月25日第九届全国人民代表大会常务委员会第十三次会议通过的《中华人民共和国刑法修正案》、2001年8月31日第九届全国人民代表大会常务委员会第二十三次会议通过的《中华人民共和国刑法修正案（二）》、2001年12月29日第九届全国人民代表大会常务委员会第二十五次会议通过的《中华人民共和国刑法修正案（三）》、2002年12月28日第九届全国人民代表大会常务委员会第三十一次会议通过的《中华人民共和国刑法修正案（四）》、2005年2月28日第十届全国人民代表大会常务委员会第十四次会议通过的《中华人民共和国刑法修正案（五）》、2006年6月29日第十届全国人民代表大会常务委员会第二十二次会议通过的《中华人民共和国刑法修正案（六）》、2009年2月28日第十一届全国人民代表大会常务委员会第七次会议通过的《中华人民共和国刑法修正案（七）》、2009年8月27日第十一届全国人民代表大会常务委员会第十次会议通过的《关于修改部分法律的决定》、2011年2月25日第十一届全国人民代表大会常务委员会第十九次会议通过的《中华人民共和国刑法修正案（八）》、2015年8月29日第十二届全国人民代表大会常务委员会第十六次会议通过的《中华人民共和国刑法修正案（九）》、2017年11月4日第十二届全国人民代表大会常务委员会第三十次会议通过的《中华人民共和国刑法修正案（十）》修订。

第八章　贪污贿赂罪

第三百八十二条　国家工作人员利用职务上的便利，侵吞、窃取、骗取或者以其他手段非法占有公共财物的，是贪污罪。

受国家机关、国有公司、企业、事业单位、人民团体委托管理、经营国有财产的人员，利用职务上的便利，侵吞、窃取、骗取或者以其他手段非法占有国有财物的，以贪污论。

与前两款所列人员勾结，伙同贪污的，以共犯论处。

第三百八十三条　对犯贪污罪的，根据情节轻重，分别依照下列规定处罚：

（一）贪污数额较大或者有其他较重情节的，处三年以下有期徒刑或者拘役，并处罚金。

（二）贪污数额巨大或者有其他严重情节的，处三年以上十年以下有期徒刑，并处罚金或者没收财产。

（三）贪污数额特别巨大或者有其他特别严重情节的，处十年以上有期徒刑或者无期徒刑，并处罚金或者没收财产；数额特别巨大，并使国家和人民利益遭受特别重大损失的，处无期徒刑或者死刑，并处没收财产。

对多次贪污未经处理的，按照累计贪污数额处罚。

犯第一款罪，在提起公诉前如实供述自己罪行、真诚悔罪、积极退赃，避免、减少损害结果的发生，有第一项规定情形的，可以从轻、减轻或者免除处罚；有第二项、第三项规定情形的，可以从轻处罚。

犯第一款罪，有第三项规定情形被判处死刑缓期执行的，人民法院根据犯罪情节等情况可以同时决定在其死刑缓期执行二年期满依法减为无期徒刑后，终身监禁，不得减刑、假释。①

第三百八十四条② 国家工作人员利用职务上的便利，挪用公款归个人使用，进行非法活动的，或者挪用公款数额较大、进行营利活动的，或者挪用公款数额较大、超过三个月未

---

① 根据2015年8月29日《中华人民共和国刑法修正案（九）》修改。原条文为："对犯贪污罪的，根据情节轻重，分别依照下列规定处罚：

"（一）个人贪污数额在十万元以上的，处十年以上有期徒刑或者无期徒刑，可以并处没收财产；情节特别严重的，处死刑，并处没收财产。

"（二）个人贪污数额在五万元以上不满十万元的，处五年以上有期徒刑，可以并处没收财产；情节特别严重的，处无期徒刑，并处没收财产。

"（三）个人贪污数额在五千元以上不满五万元的，处一年以上七年以下有期徒刑；情节严重的，处七年以上十年以下有期徒刑。个人贪污数额在五千元以上不满一万元，犯罪后有悔改表现、积极退赃的，可以减轻处罚或者免予刑事处罚，由其所在单位或者上级主管机关给予行政处分。

"（四）个人贪污数额不满五千元，情节较重的，处二年以下有期徒刑或者拘役；情节较轻的，由其所在单位或者上级主管机关酌情给予行政处分。

"对多次贪污未经处理的，按照累计贪污数额处罚。"

② 根据2002年4月28日通过的《全国人民代表大会常务委员会关于〈中华人民共和国刑法〉第三百八十四条第一款的解释》：

"全国人民代表大会常务委员会讨论了刑法第三百八十四条第一款规定的国家工作人员利用职务上的便利，挪用公款'归个人使用'的含义问题，解释如下：

"有下列情形之一的，属于挪用公款'归个人使用'：

"（一）将公款供本人、亲友或者其他自然人使用的；

"（二）以个人名义将公款供其他单位使用的；

"（三）个人决定以单位名义将公款供其他单位使用，谋取个人利益的。"

还的，是挪用公款罪，处五年以下有期徒刑或者拘役；情节严重的，处五年以上有期徒刑。挪用公款数额巨大不退还的，处十年以上有期徒刑或者无期徒刑。

挪用用于救灾、抢险、防汛、优抚、扶贫、移民、救济款物归个人使用的，从重处罚。

第三百八十五条　国家工作人员利用职务上的便利，索取他人财物的，或者非法收受他人财物，为他人谋取利益的，是受贿罪。

国家工作人员在经济往来中，违反国家规定，收受各种名义的回扣、手续费，归个人所有的，以受贿论处。

第三百八十六条　对犯受贿罪的，根据受贿所得数额及情节，依照本法第三百八十三条的规定处罚。索贿的从重处罚。

第三百八十七条　国家机关、国有公司、企业、事业单位、人民团体，索取、非法收受他人财物，为他人谋取利益，情节严重的，对单位判处罚金，并对其直接负责的主管人员和其他直接责任人员，处五年以下有期徒刑或者拘役。

前款所列单位，在经济往来中，在账外暗中收受各种名义的回扣、手续费的，以受贿论，依照前款的规定处罚。

第三百八十八条　国家工作人员利用本人职权或者地位形成的便利条件，通过其他国家工作人员职务上的行为，为请托人谋取不正当利益，索取请托人财物或者收受请托人财物的，以受贿论处。

第三百八十八条之一　国家工作人员的近亲属或者其他与该国家工作人员关系密切的人，通过该国家工作人员职务上的行为，或者利用该国家工作人员职权或者地位形成的便利条件，通过其他国家工作人员职务上的行为，为请托人谋取不正当利益，索取请托人财物或者收受请托人财物，数额较大或者有其他较重情节的，处三年以下有期徒刑或者拘役，并处罚金；数额巨大或者有其他严重情节的，处三年以上七年以下有期徒刑，并处罚金；数额特别巨大或者有其他特别严重情节的，处七年以上有期徒刑，并处罚金或者没收财产。

离职的国家工作人员或者其近亲属以及其他与其关系密切的人，利用该离职的国家工作人员原职权或者地位形成的便利条件实施前款行为的，依照前款的规定定罪处罚。[①]

第三百八十九条 为谋取不正当利益，给予国家工作人员以财物的，是行贿罪。

在经济往来中，违反国家规定，给予国家工作人员以财物，数额较大的，或者违反国家规定，给予国家工作人员以各种名义的回扣、手续费的，以行贿论处。

因被勒索给予国家工作人员以财物，没有获得不正当利益的，不是行贿。

第三百九十条 对犯行贿罪的，处五年以下有期徒刑或者拘役，并处罚金；因行贿谋取不正当利益，情节严重的，或者使国家利益遭受重大损失的，处五年以上十年以下有期徒刑，并处罚金；情节特别严重的，或者使国家利益遭受特别重大损失的，处十年以上有期徒刑或者无期徒刑，并处罚金或者没收财产。

行贿人在被追诉前主动交待行贿行为的，可以从轻或者减轻处罚。其中，犯罪较轻的，对侦破重大案件起关键作用的，

---

① 根据2009年2月28日《中华人民共和国刑法修正案（七）》增加。

或者有重大立功表现的，可以减轻或者免除处罚。①

第三百九十条之一　为谋取不正当利益，向国家工作人员的近亲属或者其他与该国家工作人员关系密切的人，或者向离职的国家工作人员或者其近亲属以及其他与其关系密切的人行贿的，处三年以下有期徒刑或者拘役，并处罚金；情节严重的，或者使国家利益遭受重大损失的，处三年以上七年以下有期徒刑，并处罚金；情节特别严重的，或者使国家利益遭受特别重大损失的，处七年以上十年以下有期徒刑，并处罚金。

单位犯前款罪的，对单位判处罚金，并对其直接负责的主管人员和其他直接责任人员，处三年以下有期徒刑或者拘役，并处罚金。②

第三百九十一条　为谋取不正当利益，给予国家机关、国有公司、企业、事业单位、人民团体以财物的，或者在经济往来中，违反国家规定，给予各种名义的回扣、手续费的，处三年以下有期徒刑或者拘役，并处罚金。③

---

① 根据2015年8月29日《中华人民共和国刑法修正案（九）》修改。原条文为：“对犯行贿罪的，处五年以下有期徒刑或者拘役；因行贿谋取不正当利益，情节严重的，或者使国家利益遭受重大损失的，处五年以上十年以下有期徒刑；情节特别严重的，处十年以上有期徒刑或者无期徒刑，可以并处没收财产。

“行贿人在被追诉前主动交待行贿行为的，可以减轻处罚或者免除处罚。”

② 根据2015年8月29日《中华人民共和国刑法修正案（九）》增加。

③ 根据2015年8月29日《中华人民共和国刑法修正案（九）》修改。原第一款条文为：“为谋取不正当利益，给予国家机关、国有公司、企业、事业单位、人民团体以财物的，或者在经济往来中，违反国家规定，给予各种名义的回扣、手续费的，处三年以下有期徒刑或者拘役。”

单位犯前款罪的，对单位判处罚金，并对其直接负责的主管人员和其他直接责任人员，依照前款的规定处罚。

第三百九十二条　向国家工作人员介绍贿赂，情节严重的，处三年以下有期徒刑或者拘役，并处罚金。[①]

介绍贿赂人在被追诉前主动交待介绍贿赂行为的，可以减轻处罚或者免除处罚。

第三百九十三条　单位为谋取不正当利益而行贿，或者违反国家规定，给予国家工作人员以回扣、手续费，情节严重的，对单位判处罚金，并对其直接负责的主管人员和其他直接责任人员，处五年以下有期徒刑或者拘役，并处罚金。因行贿取得的违法所得归个人所有的，依照本法第三百八十九条、第三百九十条的规定定罪处罚。[②]

第三百九十四条　国家工作人员在国内公务活动或者对外交往中接受礼物，依照国家规定应当交公而不交公，数额较大的，依照本法第三百八十二条、第三百八十三条的规定定罪处罚。

第三百九十五条　国家工作人员的财产、支出明显超过合

---

① 根据2015年8月29日《中华人民共和国刑法修正案（九）》修改。原第一款条文为："向国家工作人员介绍贿赂，情节严重的，处三年以下有期徒刑或者拘役。"

② 根据2015年8月29日《中华人民共和国刑法修正案（九）》修改。原条文为："单位为谋取不正当利益而行贿，或者违反国家规定，给予国家工作人员以回扣、手续费，情节严重的，对单位判处罚金，并对其直接负责的主管人员和其他直接责任人员，处五年以下有期徒刑或者拘役。因行贿取得的违法所得归个人所有的，依照本法第三百八十九条、第三百九十条的规定定罪处罚。"

法收入，差额巨大的，可以责令该国家工作人员说明来源，不能说明来源的，差额部分以非法所得论，处五年以下有期徒刑或者拘役；差额特别巨大的，处五年以上十年以下有期徒刑。财产的差额部分予以追缴。①

国家工作人员在境外的存款，应当依照国家规定申报。数额较大、隐瞒不报的，处二年以下有期徒刑或者拘役；情节较轻的，由其所在单位或者上级主管机关酌情给予行政处分。

第三百九十六条　国家机关、国有公司、企业、事业单位、人民团体，违反国家规定，以单位名义将国有资产集体私分给个人，数额较大的，对其直接负责的主管人员和其他直接责任人员，处三年以下有期徒刑或者拘役，并处或者单处罚金；数额巨大的，处三年以上七年以下有期徒刑，并处罚金。

司法机关、行政执法机关违反国家规定，将应当上缴国家的罚没财物，以单位名义集体私分给个人的，依照前款的规定处罚。

---

① 根据2009年2月28日《中华人民共和国刑法修正案（七）》修改。原第一款条文为："国家工作人员的财产或者支出明显超过合法收入，差额巨大的，可以责令说明来源。本人不能说明其来源是合法的，差额部分以非法所得论，处五年以下有期徒刑或者拘役，财产的差额部分予以追缴。"

第九章 渎 职 罪[①]

第三百九十七条[②] 国家机关工作人员滥用职权或者玩忽职守，致使公共财产、国家和人民利益遭受重大损失的，处三年以下有期徒刑或者拘役；情节特别严重的，处三年以上七年以下有期徒刑。本法另有规定的，依照规定。

国家机关工作人员徇私舞弊，犯前款罪的，处五年以下有期徒刑或者拘役；情节特别严重的，处五年以上十年以下有期徒刑。本法另有规定的，依照规定。

第三百九十八条 国家机关工作人员违反保守国家秘密法的规定，故意或者过失泄露国家秘密，情节严重的，处三年以下有期徒刑或者拘役；情节特别严重的，处三年以上七年以下有期徒刑。

非国家机关工作人员犯前款罪的，依照前款的规定酌情处罚。

---

① 根据2002年12月28日通过的《全国人民代表大会常务委员会关于〈中华人民共和国刑法〉第九章渎职罪主体适用问题的解释》：

"全国人大常委会根据司法实践中遇到的情况，讨论了刑法第九章渎职罪主体的适用问题，解释如下：

"在依照法律、法规规定行使国家行政管理职权的组织中从事公务的人员，或者在受国家机关委托代表国家机关行使职权的组织中从事公务的人员，或者虽未列入国家机关人员编制但在国家机关中从事公务的人员，在代表国家机关行使职权时，有渎职行为，构成犯罪的，依照刑法关于渎职罪的规定追究刑事责任。"

② 根据1998年12月29日通过的《全国人民代表大会常务委员会关于惩治骗购外汇、逃汇和非法买卖外汇犯罪的决定》："六、海关、外汇管理部门的工作人员严重不负责任，造成大量外汇被骗购或者逃汇，致使国家利益遭受重大损失的，依照刑法第三百九十七条的规定定罪处罚。"

第三百九十九条　司法工作人员徇私枉法、徇情枉法，对明知是无罪的人而使他受追诉、对明知是有罪的人而故意包庇不使他受追诉，或者在刑事审判活动中故意违背事实和法律作枉法裁判的，处五年以下有期徒刑或者拘役；情节严重的，处五年以上十年以下有期徒刑；情节特别严重的，处十年以上有期徒刑。

在民事、行政审判活动中故意违背事实和法律作枉法裁判，情节严重的，处五年以下有期徒刑或者拘役；情节特别严重的，处五年以上十年以下有期徒刑。

在执行判决、裁定活动中，严重不负责任或者滥用职权，不依法采取诉讼保全措施、不履行法定执行职责，或者违法采取诉讼保全措施、强制执行措施，致使当事人或者其他人的利益遭受重大损失的，处五年以下有期徒刑或者拘役；致使当事人或者其他人的利益遭受特别重大损失的，处五年以上十年以下有期徒刑。

司法工作人员收受贿赂，有前三款行为的，同时又构成本法第三百八十五条规定之罪的，依照处罚较重的规定定罪处罚。①

---

① 根据2002年12月28日《中华人民共和国刑法修正案（四）》修改。原条文为：“司法工作人员徇私枉法、徇情枉法，对明知是无罪的人而使他受追诉、对明知是有罪的人而故意包庇不使他受追诉，或者在刑事审判活动中故意违背事实和法律作枉法裁判的，处五年以下有期徒刑或者拘役；情节严重的，处五年以上十年以下有期徒刑；情节特别严重的，处十年以上有期徒刑。

“在民事、行政审判活动中故意违背事实和法律作枉法裁判，情节严重的，处五年以下有期徒刑或者拘役；情节特别严重的，处五年以上十年以下有期徒刑。

“司法工作人员贪赃枉法，有前两款行为的，同时又构成本法第三百八十五条规定之罪的，依照处罚较重的规定定罪处罚。”

第三百九十九条之一 依法承担仲裁职责的人员，在仲裁活动中故意违背事实和法律作枉法裁决，情节严重的，处三年以下有期徒刑或者拘役；情节特别严重的，处三年以上七年以下有期徒刑。[1]

第四百条 司法工作人员私放在押的犯罪嫌疑人、被告人或者罪犯的，处五年以下有期徒刑或者拘役；情节严重的，处五年以上十年以下有期徒刑；情节特别严重的，处十年以上有期徒刑。

司法工作人员由于严重不负责任，致使在押的犯罪嫌疑人、被告人或者罪犯脱逃，造成严重后果的，处三年以下有期徒刑或者拘役；造成特别严重后果的，处三年以上十年以下有期徒刑。

第四百零一条 司法工作人员徇私舞弊，对不符合减刑、假释、暂予监外执行条件的罪犯，予以减刑、假释或者暂予监外执行的，处三年以下有期徒刑或者拘役；情节严重的，处三年以上七年以下有期徒刑。

第四百零二条 行政执法人员徇私舞弊，对依法应当移交司法机关追究刑事责任的不移交，情节严重的，处三年以下有期徒刑或者拘役；造成严重后果的，处三年以上七年以下有期徒刑。

第四百零三条 国家有关主管部门的国家机关工作人员，徇私舞弊，滥用职权，对不符合法律规定条件的公司设立、登

---

① 根据2006年6月29日《中华人民共和国刑法修正案（六）》增加。

记申请或者股票、债券发行、上市申请，予以批准或者登记，致使公共财产、国家和人民利益遭受重大损失的，处五年以下有期徒刑或者拘役。

上级部门强令登记机关及其工作人员实施前款行为的，对其直接负责的主管人员，依照前款的规定处罚。

第四百零四条　税务机关的工作人员徇私舞弊，不征或者少征应征税款，致使国家税收遭受重大损失的，处五年以下有期徒刑或者拘役；造成特别重大损失的，处五年以上有期徒刑。

第四百零五条　税务机关的工作人员违反法律、行政法规的规定，在办理发售发票、抵扣税款、出口退税工作中，徇私舞弊，致使国家利益遭受重大损失的，处五年以下有期徒刑或者拘役；致使国家利益遭受特别重大损失的，处五年以上有期徒刑。

其他国家机关工作人员违反国家规定，在提供出口货物报关单、出口收汇核销单等出口退税凭证的工作中，徇私舞弊，致使国家利益遭受重大损失的，依照前款的规定处罚。

第四百零六条　国家机关工作人员在签订、履行合同过程中，因严重不负责任被诈骗，致使国家利益遭受重大损失的，处三年以下有期徒刑或者拘役；致使国家利益遭受特别重大损失的，处三年以上七年以下有期徒刑。

第四百零七条　林业主管部门的工作人员违反森林法的规定，超过批准的年采伐限额发放林木采伐许可证或者违反规定滥发林木采伐许可证，情节严重，致使森林遭受严重破坏的，处三年以下有期徒刑或者拘役。

第四百零八条　负有环境保护监督管理职责的国家机关工作人员严重不负责任，导致发生重大环境污染事故，致使公私财产遭受重大损失或者造成人身伤亡的严重后果的，处三年以下有期徒刑或者拘役。

第四百零八条之一　负有食品安全监督管理职责的国家机关工作人员，滥用职权或者玩忽职守，导致发生重大食品安全事故或者造成其他严重后果的，处五年以下有期徒刑或者拘役；造成特别严重后果的，处五年以上十年以下有期徒刑。

徇私舞弊犯前款罪的，从重处罚。[①]

第四百零九条　从事传染病防治的政府卫生行政部门的工作人员严重不负责任，导致传染病传播或者流行，情节严重的，处三年以下有期徒刑或者拘役。

第四百一十条[②]　国家机关工作人员徇私舞弊，违反土地管理法规，滥用职权，非法批准征收、征用、占用土地，或者

---

① 根据2011年2月25日《中华人民共和国刑法修正案（八）》增加。

② 根据2009年8月27日修正的《全国人民代表大会常务委员会关于〈中华人民共和国刑法〉第二百二十八条、第三百四十二条、第四百一十条的解释》：

"全国人民代表大会常务委员会讨论了刑法第二百二十八条、第三百四十二条、第四百一十条规定的'违反土地管理法规'和第四百一十条规定的'非法批准征收、征用、占用土地'的含义问题，解释如下：

"刑法第二百二十八条、第三百四十二条、第四百一十条规定的'违反土地管理法规'，是指违反土地管理法、森林法、草原法等法律以及有关行政法规中关于土地管理的规定。

"刑法第四百一十条规定的'非法批准征收、征用、占用土地'，是指非法批准征收、征用、占用耕地、林地等农用地以及其他土地。"

非法低价出让国有土地使用权，情节严重的，处三年以下有期徒刑或者拘役；致使国家或者集体利益遭受特别重大损失的，处三年以上七年以下有期徒刑。

第四百一十一条　海关工作人员徇私舞弊，放纵走私，情节严重的，处五年以下有期徒刑或者拘役；情节特别严重的，处五年以上有期徒刑。

第四百一十二条　国家商检部门、商检机构的工作人员徇私舞弊，伪造检验结果的，处五年以下有期徒刑或者拘役；造成严重后果的，处五年以上十年以下有期徒刑。

前款所列人员严重不负责任，对应当检验的物品不检验，或者延误检验出证、错误出证，致使国家利益遭受重大损失的，处三年以下有期徒刑或者拘役。

第四百一十三条　动植物检疫机关的检疫人员徇私舞弊，伪造检疫结果的，处五年以下有期徒刑或者拘役；造成严重后果的，处五年以上十年以下有期徒刑。

前款所列人员严重不负责任，对应当检疫的检疫物不检疫，或者延误检疫出证、错误出证，致使国家利益遭受重大损失的，处三年以下有期徒刑或者拘役。

第四百一十四条　对生产、销售伪劣商品犯罪行为负有追究责任的国家机关工作人员，徇私舞弊，不履行法律规定的追究职责，情节严重的，处五年以下有期徒刑或者拘役。

第四百一十五条　负责办理护照、签证以及其他出入境证件的国家机关工作人员，对明知是企图偷越国（边）境的人员，予以办理出入境证件的，或者边防、海关等国家机关工作人员，对明知是偷越国（边）境的人员，予以放行的，处三年以下有期徒刑或者拘役；情节严重的，处三年以上七年以下有期徒刑。

第四百一十六条　对被拐卖、绑架的妇女、儿童负有解救职责的国家机关工作人员，接到被拐卖、绑架的妇女、儿童及其家属的解救要求或者接到其他人的举报，而对被拐卖、绑架的妇女、儿童不进行解救，造成严重后果的，处五年以下有期徒刑或者拘役。

负有解救职责的国家机关工作人员利用职务阻碍解救的，处二年以上七年以下有期徒刑；情节较轻的，处二年以下有期徒刑或者拘役。

第四百一十七条　有查禁犯罪活动职责的国家机关工作人员，向犯罪分子通风报信、提供便利，帮助犯罪分子逃避处罚的，处三年以下有期徒刑或者拘役；情节严重的，处三年以上十年以下有期徒刑。

第四百一十八条　国家机关工作人员在招收公务员、学生工作中徇私舞弊，情节严重的，处三年以下有期徒刑或者拘役。

第四百一十九条　国家机关工作人员严重不负责任，造成珍贵文物损毁或者流失，后果严重的，处三年以下有期徒刑或者拘役。

……

附录三

中国共产党党内监督条例

（2016 年 10 月 27 日中国共产党第十八届中央委员会第六次全体会议通过）

第一章　总　　则

第一条　为坚持党的领导，加强党的建设，全面从严治党，强化党内监督，保持党的先进性和纯洁性，根据《中国共产党章程》，制定本条例。

第二条　党内监督以马克思列宁主义、毛泽东思想、邓小平理论、“三个代表”重要思想、科学发展观为指导，深入贯彻习近平总书记系列重要讲话精神，围绕统筹推进“五位一体”总体布局和协调推进“四个全面”战略布局，尊崇党章，依规治党，坚持党内监督和人民群众监督相结合，增强党在长期执政条件下自我净化、自我完善、自我革新、自我提高能力，确保党始终成为中国特色社会主义事业的坚强领导核心。

第三条　党内监督没有禁区、没有例外。信任不能代替监督。各级党组织应当把信任激励同严格监督结合起来，促使党的领导干部做到有权必有责、有责要担当，用权受监督、失责必追究。

第四条 党内监督必须贯彻民主集中制，依规依纪进行，强化自上而下的组织监督，改进自下而上的民主监督，发挥同级相互监督作用。坚持惩前毖后、治病救人，抓早抓小、防微杜渐。

第五条 党内监督的任务是确保党章党规党纪在全党有效执行，维护党的团结统一，重点解决党的领导弱化、党的建设缺失、全面从严治党不力，党的观念淡漠、组织涣散、纪律松弛，管党治党宽松软问题，保证党的组织充分履行职能、发挥核心作用，保证全体党员发挥先锋模范作用，保证党的领导干部忠诚干净担当。

党内监督的主要内容是：

（一）遵守党章党规，坚定理想信念，践行党的宗旨，模范遵守宪法法律情况；

（二）维护党中央集中统一领导，牢固树立政治意识、大局意识、核心意识、看齐意识，贯彻落实党的理论和路线方针政策，确保全党令行禁止情况；

（三）坚持民主集中制，严肃党内政治生活，贯彻党员个人服从党的组织，少数服从多数，下级组织服从上级组织，全党各个组织和全体党员服从党的全国代表大会和中央委员会原则情况；

（四）落实全面从严治党责任，严明党的纪律特别是政治纪律和政治规矩，推进党风廉政建设和反腐败工作情况；

（五）落实中央八项规定精神，加强作风建设，密切联系群众，巩固党的执政基础情况；

（六）坚持党的干部标准，树立正确选人用人导向，执行干部选拔任用工作规定情况；

（七）廉洁自律、秉公用权情况；

（八）完成党中央和上级党组织部署的任务情况。

第六条　党内监督的重点对象是党的领导机关和领导干部特别是主要领导干部。

第七条　党内监督必须把纪律挺在前面，运用监督执纪"四种形态"，经常开展批评和自我批评、约谈函询，让"红红脸、出出汗"成为常态；党纪轻处分、组织调整成为违纪处理的大多数；党纪重处分、重大职务调整的成为少数；严重违纪涉嫌违法立案审查的成为极少数。

第八条　党的领导干部应当强化自我约束，经常对照党章检查自己的言行，自觉遵守党内政治生活准则、廉洁自律准则，加强党性修养，陶冶道德情操，永葆共产党人政治本色。

第九条　建立健全党中央统一领导，党委（党组）全面监督，纪律检查机关专责监督，党的工作部门职能监督，党的基层组织日常监督，党员民主监督的党内监督体系。

第二章　党的中央组织的监督

第十条　党的中央委员会、中央政治局、中央政治局常务委员会全面领导党内监督工作。中央委员会全体会议每年听取中央政治局工作报告，监督中央政治局工作，部署加强党内监督的重大任务。

第十一条　中央政治局、中央政治局常务委员会定期研究部署在全党开展学习教育，以整风精神查找问题、纠正偏差；

听取和审议全党落实中央八项规定精神情况汇报，加强作风建设情况监督检查；听取中央纪律检查委员会常务委员会工作汇报；听取中央巡视情况汇报，在一届任期内实现中央巡视全覆盖。中央政治局每年召开民主生活会，进行对照检查和党性分析，研究加强自身建设措施。

第十二条　中央委员会成员必须严格遵守党的政治纪律和政治规矩，发现其他成员有违反党章、破坏党的纪律、危害党的团结统一的行为应当坚决抵制，并及时向党中央报告。对中央政治局委员的意见，署真实姓名以书面形式或者其他形式向中央政治局常务委员会或者中央纪律检查委员会常务委员会反映。

第十三条　中央政治局委员应当加强对直接分管部门、地方、领域党组织和领导班子成员的监督，定期同有关地方和部门主要负责人就其履行全面从严治党责任、廉洁自律等情况进行谈话。

第十四条　中央政治局委员应当严格执行中央八项规定，自觉参加双重组织生活，如实向党中央报告个人重要事项。带头树立良好家风，加强对亲属和身边工作人员的教育和约束，严格要求配偶、子女及其配偶不得违规经商办企业，不得违规任职、兼职取酬。

第三章　党委（党组）的监督

第十五条　党委（党组）在党内监督中负主体责任，书记是第一责任人，党委常委会委员（党组成员）和党委委员在职责范围内履行监督职责。党委（党组）履行以下监督职责：

（一）领导本地区本部门本单位党内监督工作，组织实施各项监督制度，抓好督促检查；

（二）加强对同级纪委和所辖范围内纪律检查工作的领导，检查其监督执纪问责工作情况；

（三）对党委常委会委员（党组成员）、党委委员，同级纪委、党的工作部门和直接领导的党组织领导班子及其成员进行监督；

（四）对上级党委、纪委工作提出意见和建议，开展监督。

第十六条　党的工作部门应当严格执行各项监督制度，加强职责范围内党内监督工作，既加强对本部门本单位的内部监督，又强化对本系统的日常监督。

第十七条　党内监督必须加强对党组织主要负责人和关键岗位领导干部的监督，重点监督其政治立场、加强党的建设、从严治党，执行党的决议，公道正派选人用人，责任担当、廉洁自律，落实意识形态工作责任制情况。

上级党组织特别是其主要负责人，对下级党组织主要负责人应当平时多过问、多提醒，发现问题及时纠正。领导班子成员发现班子主要负责人存在问题，应当及时向其提出，必要时可以直接向上级党组织报告。

党组织主要负责人个人有关事项应当在党内一定范围公开，主动接受监督。

第十八条　党委（党组）应当加强对领导干部的日常管理监督，掌握其思想、工作、作风、生活状况。党的领导干部应当经常开展批评和自我批评，敢于正视、深刻剖析、主动改正自己的缺点错误；对同志的缺点错误应当敢于指出，帮助改进。

第十九条　巡视是党内监督的重要方式。中央和省、自治区、直辖市党委一届任期内，对所管理的地方、部门、企事业单位党组织全面巡视。巡视党的组织和党的领导干部尊崇党章、党的领导、党的建设和党的路线方针政策落实情况，履行全面从严治党责任、执行党的纪律、落实中央八项规定精神、党风廉政建设和反腐败工作以及选人用人情况。发现问题、形成震慑，推动改革、促进发展，发挥从严治党利剑作用。

中央巡视工作领导小组应当加强对省、自治区、直辖市党委，中央有关部委，中央国家机关部门党组（党委）巡视工作的领导。省、自治区、直辖市党委应当推动党的市（地、州、盟）和县（市、区、旗）委员会建立巡察制度，使从严治党向基层延伸。

第二十条　严格党的组织生活制度，民主生活会应当经常化，遇到重要或者普遍性问题应当及时召开。民主生活会重在解决突出问题，领导干部应当在会上把群众反映、巡视反馈、组织约谈函询的问题说清楚、谈透彻，开展批评和自我批评，提出整改措施，接受组织监督。上级党组织应当加强对下级领导班子民主生活会的指导和监督，提高民主生活会质量。

第二十一条　坚持党内谈话制度，认真开展提醒谈话、诫勉谈话。发现领导干部有思想、作风、纪律等方面苗头性、倾向性问题的，有关党组织负责人应当及时对其提醒谈话；发现轻微违纪问题的，上级党组织负责人应当对其诫勉谈话，并由本人作出说明或者检讨，经所在党组织主要负责人签字后报上级纪委和组织部门。

第二十二条　严格执行干部考察考核制度，全面考察德、能、勤、绩、廉表现，既重政绩又重政德，重点考察贯彻执行党中央和上级党组织决策部署的表现，履行管党治党责任，在重大原则问题上的立场，对待人民群众的态度，完成急难险重任务的情况。考察考核中党组织主要负责人应当对班子成员实事求是作出评价。考核评语在同本人见面后载入干部档案。落实党组织主要负责人在干部选任、考察、决策等各个环节的责任，对失察失责的应当严肃追究责任。

第二十三条　党的领导干部应当每年在党委常委会（或党组）扩大会议上述责述廉，接受评议。述责述廉重点是执行政治纪律和政治规矩、履行管党治党责任、推进党风廉政建设和反腐败工作以及执行廉洁纪律情况。述责述廉报告应当载入廉洁档案，并在一定范围内公开。

第二十四条　坚持和完善领导干部个人有关事项报告制度，领导干部应当按规定如实报告个人有关事项，及时报告个人及家庭重大情况，事先请示报告离开岗位或者工作所在地等。有关部门应当加强抽查核实。对故意虚报瞒报个人重大事项、篡改伪造个人档案资料的，一律严肃查处。

第二十五条　建立健全党的领导干部插手干预重大事项记录制度，发现利用职务便利违规干预干部选拔任用、工程建设、执纪执法、司法活动等问题，应当及时向上级党组织报告。

第四章　党的纪律检查委员会的监督

第二十六条　党的各级纪律检查委员会是党内监督的专责

机关，履行监督执纪问责职责，加强对所辖范围内党组织和领导干部遵守党章党规党纪、贯彻执行党的路线方针政策情况的监督检查，承担下列具体任务：

（一）加强对同级党委特别是常委会委员、党的工作部门和直接领导的党组织、党的领导干部履行职责、行使权力情况的监督；

（二）落实纪律检查工作双重领导体制，执纪审查工作以上级纪委领导为主，线索处置和执纪审查情况在向同级党委报告的同时向上级纪委报告，各级纪委书记、副书记的提名和考察以上级纪委会同组织部门为主；

（三）强化上级纪委对下级纪委的领导，纪委发现同级党委主要领导干部的问题，可以直接向上级纪委报告；下级纪委至少每半年向上级纪委报告 1 次工作，每年向上级纪委进行述职。

第二十七条 纪律检查机关必须把维护党的政治纪律和政治规矩放在首位，坚决纠正和查处上有政策、下有对策，有令不行、有禁不止，口是心非、阳奉阴违，搞团团伙伙、拉帮结派，欺骗组织、对抗组织等行为。

第二十八条 纪委派驻纪检组对派出机关负责，加强对被监督单位领导班子及其成员、其他领导干部的监督，发现问题应当及时向派出机关和被监督单位党组织报告，认真负责调查处置，对需要问责的提出建议。

派出机关应当加强对派驻纪检组工作的领导，定期约谈被监督单位党组织主要负责人、派驻纪检组组长，督促其落实管党治党责任。

派驻纪检组应当带着实际情况和具体问题，定期向派出机关汇报工作，至少每半年会同被监督单位党组织专题研究1次党风廉政建设和反腐败工作。对能发现的问题没有发现是失职，发现问题不报告、不处置是渎职，都必须严肃问责。

第二十九条 认真处理信访举报，做好问题线索分类处置，早发现早报告，对社会反映突出、群众评价较差的领导干部情况及时报告，对重要检举事项应当集体研究。定期分析研判信访举报情况，对信访反映的典型性、普遍性问题提出有针对性的处置意见，督促信访举报比较集中的地方和部门查找分析原因并认真整改。

第三十条 严把干部选拔任用“党风廉洁意见回复”关，综合日常工作中掌握的情况，加强分析研判，实事求是评价干部廉洁情况，防止“带病提拔”、“带病上岗”。

第三十一条 接到对干部一般性违纪问题的反映，应当及时找本人核实，谈话提醒、约谈函询，让干部把问题讲清楚。约谈被反映人，可以与其所在党组织主要负责人一同进行；被反映人对函询问题的说明，应当由其所在党组织主要负责人签字后报上级纪委。谈话记录和函询回复应当认真核实，存档备查。没有发现问题的应当了结澄清，对不如实说明情况的给予严肃处理。

第三十二条 依规依纪进行执纪审查，重点审查不收敛不收手，问题线索反映集中、群众反映强烈，现在重要岗位且可能还要提拔使用的领导干部，三类情况同时具备的是重中之重。执纪审查应当查清违纪事实，让审查对象从学习党章入手，从理想信念宗旨、党性原则、作风纪律等方面检查剖析自己，审理报告应当事实清楚、定性准确，反映审查对象思想认识情况。

第三十三条 对违反中央八项规定精神的，严重违纪被立案审查开除党籍的，严重失职失责被问责的，以及发生在群众身边、影响恶劣的不正之风和腐败问题，应当点名道姓通报曝光。

第三十四条 加强对纪律检查机关的监督。发现纪律检查机关及其工作人员有违反纪律问题的，必须严肃处理。各级纪律检查机关必须加强自身建设，健全内控机制，自觉接受党内监督、社会监督、群众监督，确保权力受到严格约束。

第五章 党的基层组织和党员的监督

第三十五条 党的基层组织应当发挥战斗堡垒作用，履行下列监督职责：

（一）严格党的组织生活，开展批评和自我批评，监督党员切实履行义务，保障党员权利不受侵犯；

（二）了解党员、群众对党的工作和党的领导干部的批评和意见，定期向上级党组织反映情况，提出意见和建议；

（三）维护和执行党的纪律，发现党员、干部违反纪律问题及时教育或者处理，问题严重的应当向上级党组织报告。

第三十六条 党员应当本着对党和人民事业高度负责的态度，积极行使党员权利，履行下列监督义务：

（一）加强对党的领导干部的民主监督，及时向党组织反映群众意见和诉求；

（二）在党的会议上有根据地批评党的任何组织和任何党

员，揭露和纠正工作中存在的缺点和问题；

（三）参加党组织开展的评议领导干部活动，勇于触及矛盾问题、指出缺点错误，对错误言行敢于较真、敢于斗争；

（四）向党负责地揭发、检举党的任何组织和任何党员违纪违法的事实，坚决反对一切派别活动和小集团活动，同腐败现象作坚决斗争。

第六章　党内监督和外部监督相结合

第三十七条　各级党委应当支持和保证同级人大、政府、监察机关、司法机关等对国家机关及公职人员依法进行监督，人民政协依章程进行民主监督，审计机关依法进行审计监督。有关国家机关发现党的领导干部违反党规党纪、需要党组织处理的，应当及时向有关党组织报告。审计机关发现党的领导干部涉嫌违纪的问题线索，应当向同级党组织报告，必要时向上级党组织报告，并按照规定将问题线索移送相关纪律检查机关处理。

在纪律审查中发现党的领导干部严重违纪涉嫌违法犯罪的，应当先作出党纪处分决定，再移送行政机关、司法机关处理。执法机关和司法机关依法立案查处涉及党的领导干部案件，应当向同级党委、纪委通报；该干部所在党组织应当根据有关规定，中止其相关党员权利；依法受到刑事责任追究，或者虽不构成犯罪但涉嫌违纪的，应当移送纪委依纪处理。

第三十八条　中国共产党同各民主党派长期共存、互相监督、肝胆相照、荣辱与共。各级党组织应当支持民主党派履行监督职能，重视民主党派和无党派人士提出的意见、批评、建议，完善知情、沟通、反馈、落实等机制。

第三十九条　各级党组织和党的领导干部应当认真对待、自觉接受社会监督，利用互联网技术和信息化手段，推动党务公开、拓宽监督渠道，虚心接受群众批评。新闻媒体应当坚持党性和人民性相统一，坚持正确导向，加强舆论监督，对典型案例进行剖析，发挥警示作用。

第七章　整改和保障

第四十条　党组织应当如实记录、集中管理党内监督中发现的问题和线索，及时了解核实，作出相应处理；不属于本级办理范围的应当移送有权限的党组织处理。

第四十一条　党组织对监督中发现的问题应当做到条条要整改、件件有着落。整改结果应当及时报告上级党组织，必要时可以向下级党组织和党员通报，并向社会公开。

对于上级党组织交办以及巡视等移交的违纪问题线索，应当及时处理，并在3个月内反馈办理情况。

第四十二条　党委（党组）、纪委（纪检组）应当加强对履行党内监督责任和问题整改落实情况的监督检查，对不履行或者不正确履行党内监督职责，以及纠错、整改不力的，依照《中国共产党纪律处分条例》、《中国共产党问责条例》等规定处理。

第四十三条　党组织应当保障党员知情权和监督权，鼓励和支持党员在党内监督中发挥积极作用。提倡署真实姓名反映违纪事实，党组织应当为检举控告者严格保密，并以适当方式向其反馈办理情况。对干扰妨碍监督、打击报复监督者的，依纪严肃处理。

第四十四条　党组织应当保障监督对象的申辩权、申诉权等相关权利。经调查，监督对象没有不当行为的，应当予以澄清和正名。对以监督为名侮辱、诽谤、诬陷他人的，依纪严肃处理；涉嫌犯罪的移送司法机关处理。监督对象对处理决定不服的，可以依照党章规定提出申诉。有关党组织应当认真复议复查，并作出结论。

第八章　附　　则

第四十五条　中央军事委员会可以根据本条例，制定相关规定。

第四十六条　本条例由中央纪律检查委员会负责解释。

第四十七条　本条例自发布之日起施行。

附录四

中国共产党纪律检查机关监督执纪工作规则（试行）

（2017 年 1 月 8 日中国共产党第十八届中央纪律检查委员会第七次全体会议通过）

第一章　总　　则

第一条　为全面从严治党，维护党的纪律，规范纪检机关监督执纪工作，根据《中国共产党章程》，结合工作实践，制定本规则。

第二条　监督执纪工作以马克思列宁主义、毛泽东思想、邓小平理论、“三个代表”重要思想、科学发展观为指导，深入贯彻习近平总书记系列重要讲话精神，坚持依规治党、依规执纪，把监督执纪权力关进制度笼子，落实打铁还需自身硬要求，建设忠诚干净担当的纪检干部队伍。

第三条　监督执纪工作应当遵循以下原则：

（一）坚持以习近平同志为核心的党中央集中统一领导，牢固树立政治意识、大局意识、核心意识、看齐意识，体现监督执纪的政治性，严守政治纪律和政治规矩；

（二）坚持纪律检查工作双重领导体制，监督执纪工作以上级纪委领导为主，线索处置、立案审查在向同级党委报告的同时必须向上级纪委报告；

（三）坚持以事实为依据，以党规党纪为准绳，把握政策、宽严相济，惩前毖后、治病救人；

（四）坚持信任不能代替监督，严格工作程序、有效管控风险点，强化对监督执纪各环节的监督制约。

第四条 监督执纪工作应当把纪律挺在前面，把握“树木”与“森林”的关系，运用监督执纪“四种形态”，让“红红脸、出出汗”成为常态；党纪轻处分、组织调整成为违纪处理的大多数；党纪重处分、重大职务调整的成为少数；严重违纪涉嫌违法立案审查的成为极少数。

第五条 创新组织制度，建立执纪监督、执纪审查、案件审理相互协调、相互制约的工作机制。市地级以上纪委可以探索执纪监督和执纪审查部门分设，执纪监督部门负责联系地区和部门的日常监督，执纪审查部门负责对违纪行为进行初步核实和立案审查；案件监督管理部门负责综合协调和监督管理，案件审理部门负责审核把关。

第二章 领导体制

第六条 监督执纪工作实行分级负责制：

（一）中央纪律检查委员会受理和审查中央委员、候补中央委员，中央纪委委员，中央管理的党员领导干部，以及党中央工作部门、党中央批准设立的党组（党委），各省、自治区、直辖市党委、纪委等党组织的违纪问题。

（二）地方各级纪律检查委员会受理和审查同级党委委员、候补委员，同级纪委委员，同级党委管理的党员干部，以及同级党委工作部门、党委批准设立的党组（党委），下一级党委、纪委等党组织的违纪问题。

（三）基层纪律检查委员会受理和审查同级党委管理的党员，以及同级党委下属的各级党组织的违纪问题；未设立纪律检查委员会的党的基层委员会，由该委员会负责监督执纪工作。

第七条　对党的组织关系在地方、干部管理权限在主管部门的党员干部违纪问题，应当按照谁主管谁负责的原则进行监督执纪，并及时向对方通报情况。

第八条　上级纪检机关有权指定下级纪检机关对其他下级纪检机关管辖的党组织和党员干部违纪问题进行执纪审查，必要时也可直接进行执纪审查。

第九条　严格执行请示报告制度，对作出立案审查决定、给予党纪处分等重要事项，纪检机关应当向同级党委（党组）请示汇报并向上级纪委报告，形成明确意见后再正式行文请示。遇有重要事项应当及时报告，既要报告结果也要报告过程。

坚持民主集中制，线索处置、谈话函询、初步核实、立案审查、案件审理、处置执行中的重要问题，应当经集体研究后，报纪检机关主要负责人、相关负责人审批。

第十条　纪检机关案件监督管理部门负责对监督执纪工作全过程进行监督管理，履行线索管理、组织协调、监督检查、督促办理、统计分析等职能。

第十一条　派出机关应当加强对派驻纪检组监督执纪工作的领导，经常听取工作汇报。派驻纪检组依据有关规定和派出机关授权，对被监督单位党的组织和党员干部开展监督执纪工作，重要问题应当向派出机关请示报告，必要时可以向被监督单位党组织通报。

第三章　线 索 处 置

第十二条　纪检机关信访部门归口受理同级党委管理的党组织和党员干部违反党纪的信访举报，统一接收下一级纪委和派驻纪检组报送的相关信访举报，分类摘要后移送案件监督管理部门。

执纪监督部门、执纪审查部门、干部监督部门发现的相关问题线索，属本部门受理范围的，应当送案件监督管理部门备案；不属本部门受理范围的，经审批后移送案件监督管理部门，由其按程序转交相关监督执纪部门。

案件监督管理部门统一受理巡视工作机构和审计机关、行政执法机关、司法机关等单位移交的相关问题线索。

第十三条　纪检机关对反映同级党委委员、纪委常委，以及所辖地区、部门主要负责人的问题线索和线索处置情况，应当向上级纪检机关报告。

第十四条　案件监督管理部门对问题线索实行集中管理、动态更新、定期汇总核对，提出分办意见，报纪检机关主要负责人批准，按程序移送承办部门。承办部门应当指定专人负责管理问题线索，逐件编号登记、建立管理台账。线索管理处置各环节均须由经手人员签名，全程登记备查。

第十五条　纪检机关应当根据工作需要，定期召开专题会议，听取问题线索综合情况汇报，进行分析研判，对重要检举事项和反映问题集中的领域深入研究，提出处置要求。

第十六条 承办部门应当结合问题线索所涉及地区、部门、单位总体情况，综合分析，按照谈话函询、初步核实、暂存待查、予以了结四类方式进行处置。

线索处置不得拖延和积压，处置意见应当在收到问题线索之日起30日内提出，并制定处置方案，履行审批手续。

第十七条 承办部门应当定期汇总线索处置情况，及时向案件监督管理部门通报。案件监督管理部门定期汇总、核对问题线索及处置情况，向纪检机关主要负责人报告。

各部门应当做好线索处置归档工作，归档材料应当齐全完整，载明领导批示和处置过程。

第四章 谈话函询

第十八条 采取谈话函询方式处置问题线索，应当拟订谈话函询方案和相关工作预案，按程序报批。对需要谈话函询的下一级党委（党组）主要负责人，应当报纪检机关主要负责人批准，必要时向同级党委主要负责人报告。

第十九条 谈话应当由纪检机关相关负责人或者承办部门主要负责人进行，可以由被谈话人所在党委（党组）或者纪委（纪检组）主要负责人陪同；经批准也可以委托被谈话人所在党委（党组）主要负责人进行。

谈话过程应当形成工作记录，谈话后可视情况由被谈话人写出书面说明。

第二十条　函询应当以纪检机关办公厅（室）名义发函给被反映人，并抄送其所在党委（党组）主要负责人。被函询人应当在收到函件后15个工作日内写出说明材料，由其所在党委（党组）主要负责人签署意见后发函回复。

被函询人为党委（党组）主要负责人的，或者被函询人所作说明涉及党委（党组）主要负责人的，应当直接回复发函纪检机关。

第二十一条　谈话函询工作应当在谈话结束或者收到函询回复后30日内办结，由承办部门写出情况报告和处置意见后报批。根据不同情形作出相应处理：

（一）反映不实，或者没有证据证明存在问题的，予以了结澄清；

（二）问题轻微，不需要追究党纪责任的，采取谈话提醒、批评教育、责令检查、诫勉谈话等方式处理；

（三）反映问题比较具体，但被反映人予以否认，或者说明存在明显问题的，应当再次谈话函询或者进行初步核实。

谈话函询材料应当存入个人廉政档案。

第五章　初 步 核 实

第二十二条　采取初步核实方式处置问题线索，应当制定工作方案，成立核查组，履行审批程序。被核查人为下一级党委（党组）主要负责人的，纪检机关应当报同级党委主要负责人批准。

第二十三条　核查组经批准可采取必要措施收集证据，与相关人员谈话了解情况，要求相关组织作出说明，调取个人有关事项报告，查阅复制文件、账目、档案等资料，查核资产情况和有关信息，进行鉴定勘验。

需要采取技术调查或者限制出境等措施的，纪检机关应当严格履行审批手续，交有关机关执行。

第二十四条　初步核实工作结束后，核查组应当撰写初核情况报告，列明被核查人基本情况、反映的主要问题、办理依据及初核结果、存在疑点、处理建议，由核查组全体人员签名备查。

承办部门应当综合分析初核情况，按照拟立案审查、予以了结、谈话提醒、暂存待查，或者移送有关党组织处理等方式提出处置建议。

初核情况报告报纪检机关主要负责人审批，必要时向同级党委（党组）主要负责人报告。

第六章　立 案 审 查

第二十五条　经过初步核实，对存在严重违纪需要追究党纪责任的，应当立案审查。

凡报请批准立案的，应当已经掌握部分违纪事实和证据，具备进行审查的条件。

第二十六条　对符合立案条件的，承办部门应当起草立案审查呈批报告，经纪检机关主要负责人审批，报同级党委（党组）主要负责人批准，予以立案审查。

纪检机关主要负责人主持召开执纪审查专题会议，研究确定审查方案，提出需要采取的审查措施。

立案审查决定应当向被审查人所在党委（党组）主要负责人通报。对严重违纪涉嫌犯罪人员采取审查措施，应当在24小时内通知被审查人亲属。

严重违纪涉嫌犯罪接受组织审查的，应当向社会公开发布。

第二十七条　纪检机关主要负责人批准审查方案。

纪检机关相关负责人批准成立审查组，确定审查谈话方案、外查方案，审批重要信息查询、涉案款物处置等事项。

执纪审查部门主要负责人研究提出审查谈话方案、外查方案和处置意见，审批一般信息查询，对调查取证审核把关。

审查组组长应当严格执行审查方案，不得擅自更改；以书面形式报告审查进展情况，遇重要事项及时请示。

第二十八条　审查组可以依照相关法律法规，经审批对相关人员进行调查谈话，查阅、复制有关文件资料，查询有关信息，暂扣、封存、冻结涉案款物，提请有关机关采取技术调查、限制出境等措施。

审查时间不得超过90日。在特殊情况下，经上一级纪检机关批准，可以延长一次，延长时间不得超过90日。

需要提请有关机关协助的，由案件监督管理部门统一办理手续，并随时核对情况，防止擅自扩大范围、延长时限。

第二十九条　审查谈话、执行审查措施、调查取证等审查事项，必须由2名以上执纪人员共同进行。与被审查人、重要涉案人员谈话，重要的外查取证，暂扣、封存涉案款物，应当以本机关人员为主，确需借调人员参与的，一般安排从事辅助性工作。

第三十条　立案审查后，应当由纪检机关相关负责人与被审查人谈话，宣布立案决定，讲明党的政策和纪律，要求被审查人端正态度、配合调查。

审查期间对被审查人以同志相称，安排学习党章党规党纪，对照理想信念宗旨，通过深入细致的思想政治工作，促使其深刻反省、认识错误、交代问题，写出忏悔和反思材料。

审查应当充分听取被审查人陈述，保障其饮食、休息，提供医疗服务。严格禁止使用违反党章党规党纪和国家法律的手段，严禁侮辱、打骂、虐待、体罚或者变相体罚。

第三十一条　外查工作必须严格按照外查方案执行，不得随意扩大调查范围、变更调查对象和事项，重要事项应当及时请示报告。

外查工作期间，执纪人员不得个人单独接触任何涉案人员及其特定关系人，不得擅自采取调查措施，不得从事与外查事项无关的活动。

第三十二条　严格依规收集、鉴别证据，做到全面、客观，形成相互印证、完整稳定的证据链。

调查取证应当收集原物原件，逐件清点编号，现场登记，由在场人员签字盖章；调查谈话应当现场制作谈话笔录并由被谈话人阅看后签字。已调取证据必须及时交审查组统一保管。

严禁以威胁、引诱、欺骗及其他违规违法方式收集证据；严禁隐匿、损毁、篡改、伪造证据。

第三十三条　暂扣、封存、冻结、移交涉案款物，应当严格履行审批手续。

执行暂扣、封存措施，执纪人员应当会同原款物持有人或者保管人、见证人，当面逐一拍照、登记、编号，现场填写登记表，由在场人员签名。对价值不明物品应当及时鉴定，专门封存保管。

纪检机关应当设立专用账户、专门场所，确定专门人员保管涉案款物，严格履行交接、调取手续，定期对账核实。严禁私自占有、处置涉案款物及其孳息。

第三十四条　审查谈话、重要的调查谈话和暂扣、封存涉案款物等调查取证环节应当全程录音录像。录音录像资料由案件监督管理部门和审查组分别保管，定期核查。

第三十五条　未经批准并办理相关手续，不得将被审查人或者其他谈话调查对象带离规定的谈话场所，不得在未配置监控设备的场所进行审查谈话或者重要的调查谈话，不得在谈话期间关闭录音录像设备。

第三十六条　执纪审查部门主要负责人、分管领导应当定期检查审查期间的录音录像、谈话笔录、涉案款物登记表，发现问题及时纠正并报告。

第三十七条　查明违纪事实后，审查组应当撰写违纪事实材料，与被审查人见面，听取意见。要求被审查人在违纪事实材料上签署意见，对签署不同意见或者拒不签署意见的，审查组应当作出说明或者注明情况。

审查工作结束，审查组应当集体讨论，形成审查报告，列明被审查人基本情况、问题线索来源及审查依据、审查过程、主要违纪事实、被审查人的态度和认识、处理建议及党纪依据，并由审查组组长及有关人员签名。

对执纪审查过程中发现的重要问题和意见建议，应当形成专题报告。

第三十八条　审查报告以及忏悔反思材料、违纪事实材料、涉案款物报告，应当报纪检机关主要负责人批准，连同全部证据和程序材料，依照规定移送审理。

审查全过程形成的材料应当案结卷成、事毕归档。

第七章　审　　理

第三十九条　纪检机关案件审理部门对党组织和党员违反党纪、依照规定应当给予纪律处理或者处分的案件和复议复查案件进行审核处理。

审理工作应当严格依规依纪，提出纪律处理或者纪律处分的意见，做到事实清楚、证据确凿、定性准确、处理恰当、手续完备、程序合规。

坚持审查与审理分离，审查人员不得参与审理。

第四十条　审理工作按照以下程序进行：

（一）案件审理部门收到审查报告后，应当成立由 2 人以上组成的审理组，全面审理案卷材料，提出审理意见。

（二）对于重大、复杂、疑难案件，执纪审查部门已查清主要违纪事实并提出倾向性意见的；或者对违纪行为性质认定分歧较大的，经批准可提前介入审理。

（三）坚持集体审议，在民主讨论基础上形成处理意见；对争议较大的应当及时报告，形成一致意见后再作出决定。审理部门应当根据案件审理情况与被审查人谈话，核对违纪事实，听取辩解意见，了解有关情况。

（四）对主要事实不清、证据不足的，经纪检机关主要负责人批准，退回执纪审查部门重新调查；需要补充完善证据的，经纪检机关相关负责人批准，可以退回执纪审查部门补证。

（五）审理工作结束后形成审理报告，列明被审查人基本情况、线索来源、违纪事实、涉案款物、审查部门意见、审理意见。审理报告应当体现党内审查特色，依据《中国共产党纪律处分条例》认定违纪事实性质，分析被审查人违反党章、背离党的性质宗旨的错误本质，反映其态度、认识及思想转变过程。

对给予同级党委委员、候补委员，同级纪委委员纪律处分的，在同级党委审议前，应当同上级纪委沟通，形成处理意见。

审理工作应当自受理之日起30日内完成，重大复杂案件经批准可适当延长。

第四十一条　审理报告报纪检机关主要负责人批准后，提请纪委常委会会议审议。需报同级党委审批的，应当在报批前以办公厅（室）名义征求同级党委组织部门和被审查人所在党委（党组）意见。

处分决定作出后，应当通知受处分党员所在党委（党组），抄送同级党委组织部门，并在30日内向其所在党的基层组织中的全体党员及本人宣布。处分决定执行情况应当及时报告。

第四十二条　被审查人涉嫌犯罪的，应当由案件监督管理部门协调办理移送司法机关事宜。执纪审查部门应当在通知司法机关之日起7个工作日内，完成移送工作。

案件移送司法机关后，执纪审查部门应当跟踪了解处置情况，发现问题及时报告，不得违规过问、干预处置工作。

审理工作完成后，对涉及的其他党员、干部问题线索，经批准应当及时移送有关纪检机关处置。

第四十三条　对被审查人违纪所得款物，应当依规依纪予以没收、追缴、责令退赔或者登记上交。

对涉嫌犯罪所得款物，应当随案移送司法机关。

对经认定不属于违纪所得的，应当在案件审结后依纪依法予以返还，办理签收手续。

第四十四条 对不服处分决定的申诉，应当由批准处分的党委或者纪检机关受理；需要复议复查的，由纪检机关相关负责人批准后受理。

申诉办理部门成立复查组，调阅原案案卷，必要时可以调查取证，经集体研究后，提出办理意见，报纪检机关相关负责人批准或者纪委常委会会议研究决定，作出复议复查决定。决定应当告知申诉人，抄送相关单位，并在一定范围内宣布。

坚持复议复查与审查审理分离，原案审查、审理人员不得参与复议复查。

复议复查工作应当在90日内办结。

第八章 监督管理

第四十五条 纪检机关应当严格依照《中国共产党党内监督条例》，强化自我监督，健全内控机制，并自觉接受党内监督、社会监督、群众监督，确保权力受到严格约束。

纪检机关应当严格干部准入制度，严把政治安全关，监督执纪人员必须对党忠诚、忠于职守、敢于担当、严守纪律，具备履行职责的基本条件。

纪检机关应当加强对监督执纪工作的领导，严格教育、管理、监督，切实履行自身建设主体责任。

审查组应当设立临时党支部，加强对审查组成员的教育监督，开展政策理论学习，做好思想政治工作，及时发现问题、进行批评纠正，发挥战斗堡垒作用。

第四十六条 对纪检干部打听案情、过问案件、说情干预的，受请托人应当向审查组组长、执纪审查部门主要负责人报告并登记备案。

发现审查组成员未经批准接触被审查人、涉案人员及其特定关系人，或者存在交往情形的，应当及时向审查组组长、执纪审查部门主要负责人直至纪检机关主要负责人报告并登记备案。

第四十七条 严格执行回避制度。审查审理人员是被审查人或者检举人近亲属、主要证人、利害关系人，或者存在其他可能影响公正审查审理情形的，不得参与相关审查审理工作，应当主动申请回避，被审查人、检举人及其他有关人员也有权要求其回避。选用借调人员、看护人员、审查场所，应当严格执行回避制度。

第四十八条 审查组需要借调人员的，一般应从审查人才库抽选，由纪检机关组织部门办理手续，实行一案一借，不得连续多次借调。加强对借调人员的管理监督，借调结束后由审查组写出鉴定。借调单位和领导干部不得干预借调人员岗位调整、职务晋升等事项。

第四十九条 严格执行保密制度，控制审查工作事项知悉范围和时间，不准私自留存、隐匿、查阅、摘抄、复制、携带问题线索和涉案资料，严禁泄露审查工作情况。

审查组成员工作期间，应当使用专用手机、电脑、电子设备和存储介质，实行编号管理，审查工作结束后收回检查。

汇报案情、传递审查材料应当使用加密设施，携带案卷材料应当专人专车、卷不离身。

第五十条 纪检机关涉及监督执纪秘密人员离岗离职后，应当遵守脱密期管理规定，严格履行保密义务，不得泄露相关秘密。

监督执纪人员辞职、退休3年内，不得从事与纪律检查和司法工作相关联、可能发生利益冲突的职业。

第五十一条 在监督执纪过程中，对谈话对象检举揭发与本案不直接相关人员并属于按程序应当报纪检机关主要负责人的问题线索，应当由其本人书写，不以问答、制作笔录方式记载，密封后交由部门主要负责人径送本机关主要负责人。

第五十二条 执纪审查部门主要负责人、审查组组长是执纪审查安全第一责任人，审查组应当指定专人担任安全员。被审查人发生安全事故的，应当在24小时内逐级上报至中央纪律检查委员会，及时做好舆论引导。

发生严重安全事故的，省级纪检机关主要负责人应当向中央纪律检查委员会作出检讨，并予以通报、严肃问责。

案件监督管理部门应当开展经常性检查和不定期抽查，发现问题及时报告并督促整改。

第五十三条 对纪检干部越权接触相关地区、部门、单位党委（党组）负责人，私存线索、跑风漏气、违反安全保密规定，接受请托、干预审查、以案谋私、办人情案，以违规违法方式收集证据，截留挪用、侵占私分涉案款物，接受宴请和财物等违纪行为，依照《中国共产党纪律处分条例》严肃处理。

第五十四条 开展“一案双查”，对审查结束后发现立案依据不充分或者失实，案件处置出现重大失误，纪检干部严重违纪的，既追究直接责任，还应当严肃追究有关领导人员责任。

第九章 附 则

第五十五条 各省、自治区、直辖市纪委可以根据本规则，结合工作实际，制定实施办法。

中央军事委员会纪律检查委员会可以根据本规则，制定相关规定。

纪委派驻纪检组（派出纪检机构），国有企事业单位纪检机构，应当结合实际执行本规则。

第五十六条 本规则由中央纪律检查委员会负责解释。

第五十七条 本规则自发布之日起施行。此前发布的有关纪检机关监督执纪工作的规定，凡与本规则不一致的，按照本规则执行。

图书在版编目（CIP）数据

监察工作理论与实务/姜明安著．—北京：中国法制出版社，2018.8

ISBN 978-7-5093-9485-4

Ⅰ．①监…　Ⅱ．①姜…　Ⅲ．①监察-工作-研究-中国　Ⅳ．①D630.9

中国版本图书馆 CIP 数据核字（2018）第 104004 号

策划编辑　王熹　　责任编辑　王熹　张海洋　　封面设计　李宁

监察工作理论与实务

JIANCHA GONGZUO LILUN YU SHIWU

著者/姜明安

经销/新华书店

印刷/三河市紫恒印装有限公司

开本/880 毫米×1230 毫米　32 开　　印张/9　字数/146 千

版次/2018 年 8 月第 1 版　　2018 年 8 月第 1 次印刷

中国法制出版社出版

书号 ISBN 978-7-5093-9485-4　　定价：36.00 元

北京西单横二条 2 号

邮政编码 100031　　传真：010-66031119

网址：http：//www.zgfzs.com　　**编辑部电话：66010493**

市场营销部电话：66033393　　**邮购部电话：66033288**

（如有印装质量问题，请与本社印务部联系调换。电话：66032926）